教育部全国高校优秀中青年思政课教师择优资助计划阶段性成果（项目编号：19JDSZK169）

中国博士后科学基金第 65 批面上资助项目阶段性成果（项目编号：2019M650942）

新时代中国特色
生态法治体系建设研究

郭永园 著

中国海洋大学出版社
CHINA OCEAN UNIVERSITY PRESS

·青岛·

图书在版编目（CIP）数据

新时代中国特色生态法治体系建设研究 / 郭永园著
. — 青岛：中国海洋大学出版社，2021.9
ISBN 978-7-5670-2938-5

Ⅰ.①新… Ⅱ.①郭… Ⅲ.①生态环境建设—环境保
护法—研究—中国 Ⅳ.①D922.68

中国版本图书馆 CIP 数据核字（2021）第 191411 号

XINSHIDAI ZHONGGUO TESE SHENGTAI FAZHI TIXI JIANSHE YANJIU
新时代中国特色生态法治体系建设研究

出版发行	中国海洋大学出版社
社　　址	青岛市香港东路 23 号
邮政编码	266071
出 版 人	杨立敏
网　　址	http://pub.ouc.edu.cn
电子信箱	1922305382@qq.com
订购电话	0532-82032573（传真）
责任编辑	曾科文　陈　琦　　**电　　话**　0898-31563611
印　　制	三河市金泰源印务有限公司
版　　次	2021 年 9 月第 1 版
印　　次	2021 年 9 月第 1 次印刷
成品尺寸	170 mm × 240 mm
印　　张	12
字　　数	173 千
印　　数	1—1000
定　　价	68.00 元

发现印装质量问题，请致电 133 3326 3330 调换。

目　录

1 研究导论

　　法治与生态的联姻，是生态文明发展的一个重要标志。习近平新时代中国特色社会主义思想中包含丰富而深刻的生态法治观，内涵丰富、体系严整，具有鲜明的中国特色。生态法治体系是中国特色社会主义法治体系的重要分支，习近平生态法治观丰富了中国特色社会主义法治理论。在加快推进生态文明建设的时代背景下，系统挖掘、整理习近平生态法治观，就是在提炼社会主义生态文明制度建设的"中国经验"和展示现代国家生态治理的"中国魅力"。

1.1 研究价值

　　习近平生态法治观能够为中国特色社会主义生态文明建设提供科学的行动指南。本研究还有利于丰富和完善习近平新时代中国特色社会主义思想的理论研究，有助于构建中国特色社会主义生态法治理论体系，有助于坚持和丰富中国特色社会主义理论体系。

1.1.1 理论价值

　　系统总结习近平新时代中国特色社会主义思想中的生态法治观，提炼社会主义生态文明制度建设的"中国经验"，展示现代国家生态治理的"中国魅力"，有利于丰富和完善习近平新时代中国特色社会主义思想的理论研究，有助于坚持和丰富中国特色社会主义理论体系，有助于构建中国特色社会主义生态法治理论体系并确立现代国家生态治理的制度建设标准，以此为突破点重建中国的世界话语权，增强国家的文化软实力。

1.1.2　实践价值

在加快推进生态文明建设的时代背景下，系统挖掘、整理党的十八大以来治国理政新实践中生态法治建设工作的重要经验和做法，能进一步明确未来生态文明制度创新的发展方向，能够为中国特色社会主义生态文明建设提供行动指南，丰富和完善全面推进依法治国的实现形式，为建设美丽中国、全面建设社会主义现代化国家以及实现中华民族永续发展提供更充足的条件和更可靠的保证。

1.2　研究现状

学术界对习近平新时代中国特色社会主义思想中的生态文明思想和法治思想有较多的关注，并取得了一系列重要成果，代表性学者有张云飞、郇庆治、方世南等。具体到习近平生态法治观领域，学术界尚未展开较为充分的研究，尤其是没有从马克思主义发展史的角度展开分析。习近平生态法治观作为马克思主义法学中国化的最新成果，应当在马克思主义学科视野受到更多的关注和研究，更好地展示其与马克思主义法学思想和中国化马克思主义法学思想的传承与创新。

1.2.1　国内相关研究

（1）新时代生态文明思想研究。

习近平生态文明思想的来源：理论来源是马克思主义经典作家的生态思想和党的生态文明建设思想，实践来源是中国特色社会主义的生态文明建设。习近平生态文明思想是在中国特色社会主义生态文明建设实践基础上对马克思主义生态哲学思想的继承与发展，是马克思主义生态思想中国化的最新理论成果。

习近平生态文明思想的构成内容：学者们从习近平关于生态文明系列重要讲话及相关文献中归纳整理出习近平生态文明思想的构成内容，主要包括生态文明的概念、生态文明建设地位和作用、生态生产力思想、生态民生思想、生态制度建设思想、生态外交思想等。

习近平生态文明思想的重要价值：学界认为习近平生态文明思想丰富了社会主义生态文明理论、深化了马克思主义社会发展理论的认识、拓展了新时期党的执政理念规律的认识，因而成为中国特色社会主义生态文明建设的科学指南。

习近平生态文明思想的实现方式：现有研究认为，生态文明建设是一个系统工程，需要整体推进。首先是做好生态文明建设的顶层设计与部署，其次是要完善制度体系建设，强化生态制度保障，此外还包括将生态文明建设纳入社会主义核心价值体系、增强生态文明价值观念的宣传教育等方面。

（2）新时代法治思想研究。

习近平法治思想的研究开始于党的十八大，在《中共中央关于全面推进依法治国若干重大问题的决定》发布和"四个全面"战略布局提出之后成为研究热点。研究认为，习近平法治思想是习近平新时代中国特色社会主义思想的重要组成部分。习近平关于全面依法治国的一系列重要论述是中国共产党人集体智慧的结晶，是处于法治中国建设时代的中国人民的思想精华，既是法学世界观也是法学方法论，是马克思主义法治理论中国化的最新成果。

习近平法治思想的研究呈现出对现有研究重点的深度挖掘和具体领域法治思想的综合归纳两个显著的趋势。习近平在 2013 年中共中央政治局第六次集体学习时指出，"只有实行最严格的制度、最严密的法治，才能为生态文明建设提供可靠保障"。此后，习近平生态法治观逐步受到关注。目前主要是吕忠梅教授和莫纪宏教授从环保法的创新发展的角度明确地提出了习近平生态法治观，对新时代生态法治的制度建设、司法创新以及价值观念创新进行了研究，倡导实现环境法学向生态法学的转变。

（3）马克思主义生态法哲学研究。

马克思、恩格斯环境法哲学思想在以西方环境法治理论为主导的学术界属于弱势，但随着研究和实务的逐渐深入，其重要性不断凸显。李可在国内最早出版了《马克思恩格斯环境法哲学初探》，倡导学界关注马克思的环境法哲学思想，并围绕人与自然关系问题展开了其思想的阐述。

1.2.2 国外相关研究

国外相关研究主要体现在如下三个方面：（1）高度认可习近平新时代中国特色社会主义思想中的生态文明思想和美丽中国理念。（2）应用制度分析、政策评价等量化研究方法对生态文明建设中的核心制度进行了分析，指出生态文明制度创新的重点、动力和主体等发展路径。（3）生态社会主义是当代西方马克思主义思潮中的重要分支，既批判了资本主义制度，同时又力图避免传统社会主义模式的局限和不足，试图通过重构国家制度体系实现生态原则和社会主义原则的整合。

总体而言，学术界现有研究认可并涉及了习近平新时代中国特色社会主义思想中包含有生态法治观，而且习近平生态文明思想和法治思想的相关研究为课题提供了不可或缺的理论支持。但是学术界并没有单独将"习近平生态法治观"进行专门的论述分析，没有形成具有系统性、理论性、综合性、独特性和权威性的研究成果，尚不能够适应加快推进生态文明建设的现实诉求，也不能够满足丰富和深化习近平新时代中国特色社会主义思想的理论需要，因此有待深入拓展：一是从马克思主义发展史的视角去系统提炼、把握习近平生态法治观；二是细致梳理习近平生态法治观的形成轨迹、渊源、构成内容与特征以及价值意义；三是科学分析习近平生态法治观推进生态文明建设的作用机理，全面评估生态法治的治理实效。

1.3　研究设计

1.3.1　研究思路

坚持党性与科学性相统一、历史与逻辑相统一、理论与实践相统一、继承与创新相统一的研究态度和原则，党的十八大以来，在新一届中央领导集体治国理政实践基础上，立足文献原意，从生态文明理论和全面依法治国的"实事"中求得习近平生态法治观的基本内容、主要特征以及实现机理等内在属性。

1.3.2　研究方法

（1）文本分析法。以科学的态度认真梳理习近平生态法治观文本，对党的十八大以来以习近平同志为核心的党中央带领全党和全国人民进行的生态法治实践活动进行理论概括和学术提炼，全面呈现习近平生态法治观的基本内容和主要特征。

（2）历史分析法。以历史唯物主义为依据，习近平生态法治观是对马克思主义生态制度思想的"推陈出新"，通过历史分析厘清习近平生态法治观与马克思主义环境法哲学思想之间的承继关系。

（3）实证研究法。以制度创新为核心的国家生态文明先行示范区是本研究实证分析的重点，辅之以典型生态制度创新案例分析，从实际出发，探索习近平生态法治观的实现路径和构建中国特色社会主义生态法治体系的基础与障碍。

1.3.3　研究特色

（1）完整阐释了习近平生态法治观在马克思主义发展史中的历史方位，以历史唯物主义为方法论，在马克思主义发展史的视野中历史性地理解习近平生态法治观的重要意义，在美丽中国和法治中国的时代场域中深刻认识习近平生态法治观的当代价值。

（2）准确提炼习近平生态法治观的主要特征，以新时代中国化马克思主义法治理论为指引，在文献和实证研究的基础上，提炼出习近平生态法治观对马克思主义法学理论和生态文明思想的重要创新；在与西方环境保护法治的横向比较中，彰显出习近平生态法治观对西方"环境保护"模式法治体系的否定和超越，显现出社会主义制度的优越性。

（3）全面检视了习近平生态法治观自党的十八大以来在生态文明建设中的制度化路径，梳理生态法治观从领导人治国理念到生态文明制度的转化机理、运行规律、现实成效以及症结障碍。坚持理论与实践相统一，在丰富全面的理论研究基础上结合国家生态文明先行示范区制度创新实践情况，一方面从实证的角度展示出习近平生态法治观的现实图景，另一方面对生态法治示范区的制度创新实践进行全面的评估总结，进而完善生态法治的实然存在，提升生态法治的治理效能。

2　核心要义

习近平生态法治观是在继承马克思主义生态法哲学思想基础上，结合新时代我国生态文明建设实践的一次重大理论创新，为科学社会主义注入了绿色法治、依法治国的中国元素，有效回应了生态文明和依法治国这些事关党和国家发展的重大理论和现实问题。习近平生态法治观是中国化马克思主义法治理论的重要组成部分，是新时代生态法治建设的理论基础。

2.1　出场分析

习近平总书记在马克思主义发展史中第一次系统、完整地提出生态法治观，这是在继承马克思主义生态法哲学思想基础上，结合新时代我国生态文明建设实践的一次重大理论创新。

2.1.1　马克思生态法哲学之义

习近平新时代中国特色社会主义思想是对马克思列宁主义、毛泽东思想、邓小平理论、"三个代表"重要思想、科学发展观的继承和发展，是马克思主义中国化最新成果，是党和人民实践经验和集体智慧的结晶，是中国特色社会主义理论体系的重要组成部分，是全党全国人民为实现中华民族伟大复兴而奋斗的行动指南，必须长期坚持并不断发展[1]。生态法治观作为习近平新时代中国特色社会主义思想的组成部分，是马克思主义基

---

[1]习近平.决胜全面建成小康社会 夺取新时代中国特色社会主义伟大胜利[N].人民日报,2017-10-28(1).

本原理尤其是马克思主义生态法哲学思想与新时代生态文明法治建设相结合的产物，是马克思主义生态法哲学中国化应有之义。

习近平总书记强调，"学习马克思，就要学习和实践马克思主义关于人与自然关系的思想"①。马克思、恩格斯对人与自然关系的论述与新时代生态文明建设具有内在的关联性和一致性，是马克思主义生态文明思想的逻辑点，也是马克思主义生态法哲学思想的伦理向度和重要观点。马克思在唯物史观的视野中去认识和阐释人与自然的关系，"自然界……是人的无机的身体"，并指出"人类同自然的和解以及人类本身的和解"是人类社会面临"两大变革"或"两大和解"之历史任务。社会化的人，联合起来的生产者，将合理地调节他们和自然之间的物质变换，把它置于他们的共同控制之下，而不让它作为一种盲目的力量来统治自己；靠消耗最小的力量，在最无愧于和最适合于他们的人类本性的条件下来进行这种物质变换。马克思指出要实现人的自由全面发展、社会的有序发展就需要同时妥善处理好"人—自然—社会"之间的关系，通过调解人与人、人与社会的关系实现人与自然的和谐共生。自然、人类社会和历史在唯物史观中实现了辩证统一。以马克思主义人与自然思想为指导的生态法治建设在思想根基上有别于以"主客二分"为基础的西方环境法治体系，也与人本主义、生态中心主义等法治理论实践存在质的区别。马克思人与自然的思想为生态法治确立了"人—自然—社会"协同发展、和谐共存的逻辑原点：将人化自然实践历程中的行为者以及权益相关者作为法治的主体，将实现"三大和解"场域中的所有人的自由全面发展作为生态法治的目的，将"自然—社会—人"有机整体、社会整体解放与社会文明整体演进的三维整体性逻辑作为生态法治的方法，将以"人化自然"为缘起的社会关系作为生态法治的调整范围。

---

① 习近平. 推动我国生态文明建设迈上新台阶[J]. 求是,2019(3):4-19.

2.1.2 全面推进依法治国之需

习近平总书记指出，"依法治国，是坚持和发展中国特色社会主义的本质要求和重要保障，是实现国家治理体系和治理能力现代化的必然要求，事关我们党执政兴国，事关人民幸福安康，事关党和国家长治久安。全面建成小康社会、实现中华民族伟大复兴的中国梦，全面深化改革、完善和发展中国特色社会主义制度，提高党的执政能力和执政水平，必须全面推进依法治国""实现经济发展、政治清明、文化昌盛、社会公正、生态良好，实现我国和平发展的战略目标，必须更好发挥法治的引领和规范作用"[①]。

全面推进依法治国构成了整个国家法治建设的基本图景，生态法治作为全面推进依法治国的一部分，二者是整体与局部的关系。生态文明建设必须要在依法治国的体系中获得实现，更好发挥法治的引领和规范作用。"法治是生态文明最核心的制度保障，没有健全的法治体系，没有对法律的充分尊重，没有建立在法律之上的社会秩序，就没有良好生态治理局面的出现。"[②]法治对生态治理有三个方面的主要价值。其一，法治能够维系生态治理主体的良性发展与有序运行。政府、市场和社会多元主体参与生态治理的目的就是要实现公共资源的优化配置，前提是有清晰的主体权利边界、顺畅的诉求表达机制、有效的纠纷化解与沟通平台。这些只能为法治体系所供给，即立法明晰权利义务关系、执法司法保障权利的实现与主体间的制衡。作为中国现代最受关注、活跃的法治体系代表，生态法治体系建设处于中国法治体系建设与改革的最前沿。蓬勃的环境立法为法律体系科学化提供了大量素材和实践场域；复杂的生态执法是促进中国执法体系由一元向多元、严格向高效、管理向服务改革的重要动力引擎；特质化

---

① 习近平. 中共中央关于全面推进依法治国若干重大问题的决定[N]. 人民日报，2014-10-29(1).

② 郭永园. 生态化:民族地区生态文明融入政治文明建设的实现路径[J]. 广西民族研究,2017(3):78-84.

的生态司法有力推动了中国司法改革。"近四十年的生态法治建设与发展始终是以一种面向实践的'小步快跑'方式探索解决中国环境法律问题，并试图缓解调和个案正义与普遍正义、法律全球化与本土化、传统法治的安定性与现代法律的适应性之间的现实张力。生态法治中那些具有共性、积极、有效的实践经验则会被其他领域所借鉴，并进一步上升为中国特色社会主义法治建设经验，以局部带动整体。"①

2.1.3　推进生态文明建设之基

生态文明建设是一项综合性系统工程，不仅涉及经济、政治、社会和文化体制与观念的深层变革，而且要求其构成要素实现整体性的均衡发展。"生态文明建设制度体系是指在全社会制定或形成的一切有利于支持、推动和保障生态文明建设的各种引导性、规范性和约束性规定和准则的总和。"②制度出现就是要通过明确性规范指引，使人们对自己的行为产生明确的结果预期，引导人们用科学、理性的方法认识外部世界、参与公共事务治理，实现"从必然王国走向自由王国"的转变，形成一种理性的行为方式。生态文明建设的根本所在就是改变人们对生态环境不科学、不全面的认知及其行为方式，实现人们行为方式的"生态化"转向，将生态文明建设的理念自觉地融入社会行为和经济社会发展模式之中，实现集体行动的"生态自觉"。生态文明建设制度体系是一个兼具系统性、整体性、协同性的制度体系，而且生态还是一个事关经济、社会、组织的综合性问题，生态文明建设制度体系作用的发挥还要和经济、政治等领域的制度改革统筹推进。十八届三中全会提出建设生态文明建设制度体系、把生态文明建设纳入制度化轨道的决定。因此，生态文明建设要实现更为全面、科学、系统的制度创新，其关键是法律法规的修订。《中共中央关于全面深

① 钭晓东，杜寅．中国特色生态法治体系建设论纲[J]．法制与社会发展，2017，23（6）：21-38．

② 夏光．蹄疾步稳绘就生态文明蓝图——《生态文明体制改革总体方案》解读[N]．中国环境报，2015-9-14（2）．

化改革若干重大问题的决定》提出的生态文明建设制度创新几乎囊括了所有的生态资源法律部门，目的就是要将生态文明建设的价值理念融入具体的制度安排之中，以此构建完整的生态文明建设制度体系，保障生态文明建设的有序推进。

2.2 系统构成

习近平生态法治观内容体系由以公正为导向的生态法治伦理观、以良法为目标的生态法制创设观、以"双严"为标准的生态法治实施观、以法治社会为中心的生态守法观以及以美丽世界为愿景的共赢全球观构成。

2.2.1 法治伦理观

法者，天下之公器。公正是法治的生命线，也是党治国理政的一贯主张，更是社会主义法治的根本指向。党的十八届四中全会着眼于依法治国与公平正义的有机统一，从立法、执法、司法、守法等各个方面，对以法治促进社会公平正义作出了全方位部署，要在社会主义法治建设实践中，实现科学立法、严格执法、公正司法、全民守法，以法治守护公平正义的核心价值①。生态法治作为中国特色社会主义法治体系组成部分，公正进而也成为其生命线、伦理向度和根本目标。

（1）以确保最公平的公共产品估计为首义。

习近平总书记指出，"良好生态环境是最公平的公共产品，是最普惠的民生福祉"。从公平的视角来论述生态文明建设在马克思主义发展史和社会主义运动史中并不多见，是以习近平同志为核心的党中央坚持以人民为中心的立场在新时代的新论断。民之所好好之，民之所恶恶之。我国在《2012年中国人权事业的进展》白皮书中首次将生态文明建设写入人权保障，提出要保障和提高公民享有清洁生活环境及良好生态环境的权益。

---

①本报评论员．以法治守护公平正义的核心价值[N]．人民日报，2014-10-29（4）．

2018 年 3 月在十三届全国人大一次会议第三次全体会议上通过了《中华人民共和国宪法修正案》，将"美丽"作为社会主义强国的五大维度之一，"生态文明"也作为社会主义建设的总体布局写入宪法，在社会主要矛盾发生转换的背景下，进行生态文明建设就是要供给优质的公共生态产品。环境就是民生，青山就是美丽，蓝天也是幸福。要努力实现社会公平正义，不断满足人民日益增长的优美生态环境需要。

以民生为导向的法治伦理价值观是"一切为了人民，一切依靠人民"的人民主体性思想在生态文明制度建设领域的具体体现。生态文明是人民群众共同参与、共同建设、共同享有的事业，要把建设美丽中国转化为全体人民自觉行动。每个人都是生态环境的保护者、建设者、受益者，没有哪个人是旁观者、局外人、批评家，谁也不能只说不做、置身事外。加强生态文明建设既是重大的民生问题，更是重大的政治问题。生态文明建设是民意所在民心所向，换言之，新时代党领导全国人民全面推进生态文明建设也正是共产党人"不忘初心"的体现。

（2）以践行生命共同体实现代际公平。

习近平总书记指出，"人与自然是生命共同体，人类必须尊重自然、顺应自然、保护自然。人类只有遵循自然规律才能有效防止在开发利用自然上走弯路，人类对大自然的伤害最终会伤及人类自身，这是无法抗拒的规律"。"人与自然是生命共同体"的理念是以习近平同志为核心的党中央对马克思主义生态文明思想的创造性发展，是对人类社会和生态环境之间关系的科学界定，既超越了传统的朴素的天人关系认识，也有别于作为西方环境法治理论基础的人类中心和非人类中心主义等各种思潮。"生态兴则文明兴，生态衰则文明衰。生态环境是人类生存和发展的根基，生态环境变化直接影响文明兴衰演替。"习近平总书记以人类文明发展史为视野，论证了生态文明建设与代际公平发展的重要性，既要求实现当代人与自然关系的和谐共生，更要求在人类文明演进史的视野中确保代际公平。

生态环境保护是功在当代、利在千秋的事业。"前人栽树，后人乘凉，我们这一代人就是要用自己的努力造福子孙后代。"①党的十九大报告指出，"生态文明是千年大计。要清醒认识保护生态环境、治理环境污染的紧迫性和艰巨性，清醒认识加强生态文明建设的重要性和必要性，以对人民群众、对子孙后代高度负责的态度和责任……为人民创造良好生产生活环境"。代际公平为新时代的生态法治树立了基本理念，在世界范围内开启了生态法治理论基础由人类中心主义向生态文明思想的转向。

（3）以构建人类命运共同体实现国别公平。

习近平总书记指出，"在我们这个13亿多人口的最大发展中国家推进生态文明建设，建成富强民主文明和谐美丽的社会主义现代化强国，其影响将是世界性的，"强调"要实施积极应对气候变化国家战略，推动和引导建立公平合理、合作共赢的全球气候治理体系，彰显我国负责任大国形象，推动构建人类命运共同体"。"在经济全球化的大背景下，在气候变化危机的共同挑战下，生态问题俨然已不仅仅是一国的问题。推动国际合作，呼吁全球治理，是我们应对危机的必要措施。要提高国际法在全球治理中的地位和作用，确保国际规则有效遵守和实施，坚持民主、平等、正义，建设国际法治。"②人类命运共同体是习近平新时代中国特色社会主义思想的一大亮点，生态文明建设是其重要的理论支撑和主要的实现路径。国内与国外生态文明建设如同鸟之双翼、车之双轮，互为补充、相互促进。资本主义生产方式为人类社会带来了巨大的物质文明财富，但是由于资本逻辑内在本性使然，导致人与自然的关系日趋紧张，20世纪初主要的资本主义国家相继出现了生态危机事件。在生态殖民思维的驱使下，发达国家将污染转移至国外，环境污染和生态破坏伴随着资本的全球化进而扩散到世界上更广阔的区域，导致后发国家的生态环境遭到了极大的破坏，

---

①习近平. 像对待生命一样对待生态环境 让祖国大地不断绿起来美起来[EB/OL].
http://www.xinhuanet.com/2018-04/02/c_1122627178.htm, 2018-4-2.
②习近平. 携手构建合作共赢、公平合理的气候变化治理机制[M]. 北京:人民出版社,2015.

将生态危机国际化。习近平总书记站在人类历史发展进程的高度，以大国领袖的责任担当，深入思考关乎人类前途命运的重大课题，推动构建科学完整、内涵丰富、意义深远的"人类命运共同体"思想体系，公平正义是打造人类命运共同体的基本要求，而生态文明既是这一思想的支柱之一，也是最能凝聚国际共识的时代议题。人类生活在同一个地球村，各国日益相互依存、命运与共，越来越成为你中有我、我中有你的命运共同体。"中国将继续承担应尽的国际义务，同世界各国深入开展生态文明建设领域的交流合作，推动成果分享，携手共建生态良好的地球美好家园"。世界各国更需要以负责任的精神同舟共济，共同维护和促进世界和平与发展。

2.2.2 法制创设观

法律是治国之重器，良法是善治之前提。《全球首个环境法治报告》（*Environmental Rule of Law-First Global Report*）指出，环境法治的前提是公平、明确和可实施的法律。生态文明建设不仅要做到"有法可依"，而且要做到"所依为良法"。

凡属重大改革都要于法有据①。"实践是法律的基础，法律要随着实践发展而发展。转变经济发展方式，扩大社会主义民主，推进行政体制改革，保障和改善民生，加强和创新社会管理，保护生态环境，都会对立法提出新的要求。"②习近平总书记强调，要坚持立法先行，注重新法律的制定，对"实践证明行之有效的改革，要及时上升为法律"，"不适应改革要求的法律法规，要及时修改和废止"，为经济体制和社会体制改革、为转变政府职能扫除障碍；还"要加强法律解释工作，及时明确法律规定含义

---

① 习近平.把抓落实作为推进改革工作的重点 真抓实干踱步稳务求实效[N]. 人民日报,2014-3-1(1).

② 习近平.依法治国依法执政依法行政共同推进 法治国家法治政府法治社会一体建设[N]. 人民日报,2013-2-25(1).

和适用法律依据"①。

习近平总书记指出，"小智治事，中智治人，大智立法。治理一个国家、一个社会，关键是要立规矩、讲规矩、守规矩"。党的十九大报告要求科学立法、民主立法、依法立法，以良法促进发展、保障善治。质量是立法的生命线，是良法之前提。现行的生态环境法律法规未能全面反映现代国家生态治理规律和新时代人民对美好生态环境向往的意愿，针对性、可操作性不强以及存在立法部门化倾向等问题②。正因如此，习近平总书记强调，"越是强调法治，越是要提高立法质量"。中国特色社会主义法治道路建设的经验揭示出，提高立法质量的根本途径在于坚持科学立法与民主立法的相统一，既要尊重和体现生态文明建设和法治发展的一般规律，也要在生态立法中广泛地吸纳公众参与，确保人民当家作主与生态法治有机统一。

法治是一项综合性、系统性的工程，不是一蹴而就的，要有所侧重，重点突破。习近平总书记指出，"要加强重点领域立法，及时反映党和国家事业发展要求、人民群众关切期待，对涉及全面深化改革、推动经济发展、完善社会治理、保障人民生活、维护国家安全的法律抓紧制定、及时修改"。《生态文明体制改革总体方案》设定了生态立法的重点领域：自然资源资产产权制度、国土空间开发保护制度、空间规划体系、资源总量管理和全面节约制度、资源有偿使用和生态补偿制度、环境治理体系、环境治理和生态保护市场体系、生态文明绩效评价考核和责任追究制度等八项制度③。选取这八大领域作为生态法制建设的重点领域，是以习近平同志为核心的党中央在综合考虑国情世情党情的基础上作出的战略选择，以重点突破带动全局发展，通过四梁八柱的制度创设搭建社会主义生态法治

---

①中共中央文献研究室.习近平关于全面依法治国论述摘编[M].北京:中央文献出版社,2015.

②习近平.关于《中共中央关于全面推进依法治国若干重大问题的决定》的说明[N].人民日报,2014-10-29(2).

③中共中央国务院.生态文明体制改革总体方案[N].经济日报,2015-9-22(2).

大厦。

2.2.3 法治实施观

习近平总书记指出，"法律的生命力在于实施，法律的权威也在于实施"。如果有了法律而不实施、束之高阁，或者实施不力、做表面文章，那制定再多法律也无济于事。全面推进依法治国的重点应该是保证法律严格实施，做到 "法立，有犯而必施；令出，唯行而不返"。"只有实行最严格的制度、最严密的法治，才能为生态文明建设提供可靠保障"。法令行则国治，法令弛则国乱。生态法治实施体系的核心是执法和司法，加大生态执法力度，改革生态司法体系，破除以往生态治理中的"行政依赖"，实现生态行政与生态司法的协同推进，严格执行奖惩措施，甚至是终身追究。

（1）在法治政府的架构中严格生态执法。

习近平总书记指出，"坚持依法治国、依法执政、依法行政共同推进，坚持法治国家、法治政府、法治社会一体建设"①，而依法治国的关键之一是各级政府能不能依法行政、严格执法。执法是行政机关履行政府职能、管理经济社会事务的主要方式，各级政府必须坚持在党的领导下、在法治轨道上开展工作，创新执法体制，完善执法程序，推进综合执法，严格执法责任，建立权责统一、权威高效的依法行政体制。生态执法是生态法治实施的重心，事关生态法治的理念能否落地见效，可以说是生态法治实施的中枢。如果没有系统完备全面的法律实施机制，再多再好的法律文本也只会停留在纸面，被束之高阁，沦落为纸老虎。联合国环境规划署于2019 年发布《全球首个环境法治报告》，这是第一份有关全球环境法治状况的评估报告。报告指出自 1972 年以来，尽管全球范围内的环境法数量增长了 38 倍，各国在环境法的立法层面取得了可喜的成就，环境法发展呈现繁荣态势，但污染、生物多样性丧失和气候变化等问题持续存留，政

---

①习近平 . 在首都各界纪念现行宪法公布施行 30 周年大会上的讲话[N]. 人民日报，2012-12-5（2）.

府机构之间协调不佳、机构能力薄弱、获取信息渠道不通、腐败和公民参与受限等因素导致的执法不力就是主要的原因。如果环境执法不能得以加强，再严格的法律也注定要失败，而享有健康环境的基本人权将无从实现。

《中共中央关于全面深化改革若干重大问题的决定》提出建立和完善严格监管所有污染物排放的环境保护管理制度，独立进行环境监管和行政执法。建立陆海统筹的生态系统保护修复和污染防治区域联动机制①。高效的生态执法体制以建立权责统一、权威高效的依法行政体制为目标，以增强执法的统一性、权威性和有效性为重点，整合相关部门生态环境保护执法职能，统筹执法资源和执法力量，推动建立生态环境保护综合执法队伍，坚决制止和惩处破坏生态环境行为，为打好污染防治攻坚战、建设美丽中国提供坚实保障②。

（2）在深化司法体制改革中公正生态司法。

习近平总书记指出，"公正是司法的灵魂和生命"，促进社会公平正义是司法工作的核心价值追求，司法机关是维护社会公平正义的最后一道防线。围绕公平正义这一核心价值，司法担当着 "权利救济""定分止争""制约公权"的功能③。建设公正高效权威的中国特色社会主义司法体制，确实提升司法在社会主义法治或者是现代国家治理中的地位，更好地发挥司法在社会主义建设中的职能，成为新时代"五位一体"社会主义现代化建设的重要举措。生态文明建设需要司法守护，美丽中国建设司法必须在场。生态法治建设迫切需要司法的参与，生态法制体系的日趋完善也为生态司法提供更加有力的立法支持。生态司法促进和保障环境资源法律的全

①习近平.中共中央关于全面深化改革若干重大问题的决定[N].人民日报,2013-11-16(1).

②关于深化生态环境保护综合行政执法改革的指导意见[EB/OL] http://fzb.sz.gov.cn/xxgk/qt/gzdt/201812/t20181219_14925016.htm,2018-12-19.

③张文显.习近平法治思想研究（下）:习近平全面依法治国的核心观点[J].法制与社会发展,2016,22(4):5-47.

面正确施行，要用统一司法裁判尺度切实维护人民群众生态权益，积极回应人民群众对环境保护和资源权益问题的司法期待，在全社会培育和践行社会主义生态文明观，遏制环境形势的进一步恶化，为生态文明建设提供有力的司法服务和保障。

（3）在全面从严治党伟大工程中建设生态铁军。

习近平总书记在全国生态环境保护大会上指出，"要建设一支生态环境保护铁军，政治强、本领高、作风硬、敢担当，特别能吃苦、特别能战斗、特别能奉献"。中国共产党是中国特色社会主义伟大事业的领导核心，生态文明建设是党领导的伟大事业的重要内容，党的建设新的伟大工程必须坚持同推进党领导的新时代社会主义强国建设的伟大事业紧密结合起来。生态环境是关系党的使命宗旨的重大政治问题，也是关系民生的重大社会问题，需要各地区各部门坚决担负起生态文明建设的政治责任。环境保护是生态文明建设的主阵地和根本措施，实践证明，生态环境保护能否落到实处，关键在领导干部。一些重大生态环境事件背后，都有领导干部不负责任、不作为的问题，都有一些地方环保意识不强、履职不到位、执行不严格的问题，都有环保有关部门执法监督作用发挥不到位、强制力不够的问题。生态环保部门作为党和政府组织领导生态环保工作的执政部门，党建工作就成为生态文明建设的重要内容，全面提高党建工作现代化水平，坚定理想信念和精神追求，严守政治纪律和政治规矩，推进党建与业务工作相融合，以党风带行风促政风，打造一支忠诚、干净、担当的环保铁军，为推动生态文明建设和环境保护提供不竭动力。这也是在生态法治领域坚持党的领导，党保证执法、支持司法的具体体现。党的领导是中国特色社会主义最本质的特征，是社会主义法治最根本的保证。新时代生态文明建设要与全面从严治党伟大工程有机融合，通过制度建设抓好领导干部这个关键少数，打造一支生态环境保护铁军。通过建立领导干部任期生态文明建设责任制，实行自然资源资产离任审计，认真贯彻依法依规、客观公正、科学认定、权责一致、终身追究的原则①。

2.2.4　生态守法观

习近平总书记指出，"坚持依法治国、依法执政、依法行政共同推进，坚持法治国家、法治政府、法治社会一体建设"。法治国家、法治政府、法治社会在新时代社会主义中国是一个辩证统一体，相互依存、相辅相成、共同促进，法治国家引领法治社会，法治社会奠基法治国家。全民守法体系的建设是法治社会建设的核心议题，以社会主义法治文化建设为载体，弘扬法治精神，使人民群众能够有机地融入社会主义法治建设之中，成为社会主义法治的忠实崇尚者、自觉遵守者、坚定捍卫者。新时代生态文明建设是党领导下的全面参与、共建共享的伟大事业，要以社会主义生态文明观的培育和践行为中心，广泛动员人民群众积极参与生态文明建设，营造群策群力群防群治的生态社会文化。其一，生态法治建设要在党委领导、政府主导、企业主体、公众参与的现代国家生态治理格局下构建起契合国情的全面生态法治参与机制，通过建章立制，以保障知情权、参与权、监督权实现为抓手，鼓励群众用法律的武器保护生态环境，畅通生态公共参与通道。其二，生态文明建设靠宣传教育起家，也要靠宣传教育发展。公众对生态文明建设理念的认知程度和践行程度与生态意识的宣传教育有极大的关联，培育全民守法的生态文明社会需要从生态意识教育着手。生态文明教育要充分发挥教育的基础性、先导性和全局性作用，落实立德树人根本任务，以改革创新的精神状态和工作思路，推动教育理念、教学目标、教学内容、教学方法的一系列转变，构建以学校教育为基础、覆盖全社会的生态文明教育体系，提升民众的生态文明素养，培育生态道德和行为准则，引导全社会增强法治意识、生态意识，以《公民生态环境行为规范（试行）》为蓝本推动民众自觉履行生态法定义务。

---

① 习近平.推动形成绿色发展方式和生活方式 为人民群众创造良好生产生活环境[N].人民日报,2017-5-28(1).

2.2.5 全球共赢观

党的十八以来，"命运共同体"思想已经成为习近平总书记以全球视野、全球眼光、人类胸怀积极推动治国理政更高视野、更广时空的全球性理念，生态文明也不例外[①]。"要努力建设一个山清水秀、清洁美丽的世界"[②]。党的十九大报告也指出，"中国人民的梦想同各国人民的梦想息息相通，实现中国梦离不开和平的国际环境和稳定的国际秩序。必须统筹国内国际两个大局，始终不渝走和平发展道路、奉行互利共赢的开放战略，坚持正确义利观，树立共同、综合、合作、可持续的新安全观，谋求开放创新、包容互惠的发展前景，促进和而不同、兼收并蓄的文明交流，构筑尊崇自然、绿色发展的生态体系，始终做世界和平的建设者、全球发展的贡献者、国际秩序的维护者"。地球是人类迄今为止唯一的家园，全人类应该坚持人与自然是生态共同体的理念，将自然当作人类的"无机身体"，像对待自己生命一样对待自然环境，共同保护不可替代的地球家园，共同医治生态环境的累累伤痕，共同营造和谐宜居的人类家园，让自然生态休养生息，让人人都享有绿水青山。以"生态文明建设"作为"可持续发展"的中国表达，积极参与国际生态法律的创制与践行，推动"真正的共同体"转型，消解美国等"生态帝国主义"的恶劣影响，开辟一条走向零碳未来的明确道路[③]。美丽世界成为新时代生态文明建设的愿景之一，生态法治的治理疆域随之拓展，我国将实施积极应对全球生态环境问题的国家战略，畅通国内法和国家法的转换通道，推动和引导建立公平合理、合作共赢的全球生态治理体系，彰显我国负责任大国形象，推动构建人类命运共同体。

---

①潘家华．指导生态文明建设的思想武器和行动指南[N]．中国环境报，2018-5-21（3）．

②习近平．携手建设更加美好的世界[N]．人民日报，2017-12-2（2）．

③张云飞．在多元格局中平稳前行的国际生态主义[J]．人民论坛，2019（1）:38-41．

2.3 鲜明特征

2.3.1 基础科学

习近平总书记指出,"中国特色社会主义法治理论,本质上是中国特色社会主义理论体系在法治问题上的理论成果",是"我们党处理法治问题的基本立场"。中国特色社会主义法治体系是马克思主义基本原理,尤其是马克思主义法治理论与中国特色社会主义实践相结合的产物,是中国共产党进行新民主主义革命、社会主义建设过程中法治建设经验与改革开放实践互通的产物,是中国特色社会主义理论体系的重要组成部分。

马克思主义是科学的世界观和方法论,创建了唯物史观和剩余价值学说,揭示了人类社会发展的一般规律,揭示了资本主义运行的特殊规律,为人类指明了从必然王国向自由王国飞跃的途径,为人民指明了实现自由和解放的道路。"马克思主义第一次站在人民的立场探求人类自由解放的道路,以科学的理论为最终建立一个没有压迫、没有剥削、人人平等、人人自由的理想社会指明了方向。"①马克思主义实现了科学世界观和方法论的有机结合、科学性和价值性的有机结合、现实性和超越性的有机结合,构建起一个完整科学的理论体系,其中就包含马克思主义法治思想。马克思主义作为中国特色社会主义的源头活水,为新时代生态法治建设奠定了最为根本也最为严谨的法哲学思想、提供了最为科学的方法论指引,是新时代中国特色社会主义法治思想形成和发展的理论基石。

党的十八大以来,新时代生态法治建设运用"共同体"理念延展了生态法治的伦理向度、明晰了生态法治调整对象、拓宽了生态法治的治理视野。首先,用"生命共同体"凸显"人—自然—社会"在生态法治中的辩证统一体存在形态,克服和超越以往环境法治中的人类中心主义和生态中心主义的伦理基础,彰显了习近平生态法治观与马克思主义价值关怀的一

---

①习近平.在纪念马克思诞辰200周年大会上的讲话[N]. 人民日报,2018-5-5(2).

脉相承；其次，在具体的生态法律制度创制中，坚持在实践的视野中将"共同体"思想具体化，明确生态法治的调整对象为人化自然实践中的社会关系，拒斥生态法治调整范围的泛化；再次，"共同体"思想超越了前两代环境法治的治理视野，将生态而非仅限于环境、是全球整体并不局限国内局部、着眼人类永续发展而非仅限当代环境治理作为生态法治治理的时空维度，开启了缘起于中国的生态法治 1.0 时代。马克思的整个世界观不是教义，而是方法。它提供的不是现成的教条，而是进一步研究的出发点和供这种研究使用的方法。习近平新时代中国特色社会主义思想是顺应新时代发展要求而产生的 21 世纪中国的马克思主义，作为组成部分的生态法治观在马克思主义法学思想基础上创新发展，构成了一个主题明确、体系恢宏、逻辑严谨、价值取向鲜明的科学理论法治理论体系。

2.3.2　自信彰显

习近平总书记强调，"中国特色社会主义法治道路，是社会主义法治建设成就和经验的集中体现，是建设社会主义法治国家的唯一正确道路"。党的十八大以来，我国法治建设取得新的重大进展，科学立法、严格执法、公正司法、全民守法深入推进，法治国家、法治政府、法治社会建设相互促进，中国特色社会主义法治体系日益完善，全社会法治观念明显增强，走中国特色社会主义法治道路更加自信。

社会主义法治道路的核心要义是坚持党的领导，坚持中国特色社会主义制度，贯彻中国特色社会主义法治理论。新时代生态法治建设完全遵循了中国特色社会主义法治体系的核心要义，尤其是坚持党的领导这一根本。生态法治中坚持党的领导集中体现为党领导立法、保证执法、支持司法、带头守法，"把党的领导贯彻到立法工作全过程，确保立法反映党和国家事业发展要求、体现社会主义核心价值观、回应人民群众关切期待，实现良法善治"[①]。在党的十八大以来的生态立法中，党的领导发挥了重要作用。习近平总书记任组长的中央全面深化改革领导小组召开的 38 次会

---

①张文显.习近平法治思想研究(中):习近平法治思想的一般理论[J].法制与社会发展,2016(3):5-37.

议当中，其中 20 次讨论了和生态文明体制改革相关的议题，研究了 48 项
重大改革。党的十八届三中、四中、五中全会提出的 37 项生态文明体制
改革任务，已完成 24 项，部分完成 9 项，正在推进的 4 项，出台改革文
件 84 件，其中包括生态文明写入宪法、《生态文明体制改革总体方案》确
定的"四梁八柱"制度改革方案、坚持依法治国与制度治党、依规治党统
筹推进背景下出台 20 余部与生态文明建设相关的党内法规等。

2.3.3 逻辑自洽

习近平总书记指出，要准确把握全面推进依法治国工作布局，坚持依
法治国、依法执政、依法行政共同推进，坚持法治国家、法治政府、法治
社会一体建设；能不能做到依法治国，关键在于党能不能坚持依法执政，
各级政府能不能依法行政；法治国家、法治政府、法治社会三者各有侧
重、相辅相成。"三个共同推进、三个一体建设"构成了新时代中国特色
社会主义法治工作布局，也指明现代法治国家建设的一条规律，即法治国
家（政府）与法治社会是辩证统一体，法治国家（政府）引领和保障法治
社会建设，法治社会支撑、反哺法治国家/政府建设，相辅相成，互为
依存。

党的十八大以来，以习近平同志为核心的党中央大力推进生态文明制
度创新，以生态文明写入宪法为标志，生态文明制度体系的"四梁八柱"
基本成型，党领导国家生态治理、政府负责生态执法、法检公正司法、社
会自觉守法的生态法治工作布局协同推进、日趋完善。在生态法治社会建
设中，重视发挥道德对民众的教化作用，通过道德教化来保证法治实施的
社会基础。法安天下，德润人心。法律是成文的道德，道德是内心的法
律。社会主义生态文明观融入生态文明法治建设中，充分挖掘民族特色的
生态治理文化资源中的行为规范要素，在推进生态法治建设中实现依法治
国和以德治国相结合。生态法治建设的特殊性和社会主义国家建设的复杂
性决定了新时代生态法治建设将渐进实现。作为社会主义法治建设组成部
分的生态法治正在国家整体的法治图景中逐步细化完善。

　　生态法治建设是一个系统工程，是国家治理领域一场广泛而深刻的革命，生态文明建设正处于"关键期""攻坚期""窗口期"，广大人民群众热切期盼加快提高生态环境质量，生态法治同党和国家事业发展要求相比，同人民群众期待相比，同推进国家治理体系和治理能力现代化目标相比，法治建设还存在许多不适应、不符合的问题。在加快推进生态文明建设的时代背景下，系统挖掘、整理习近平生态法治观，就是在提炼社会主义生态文明制度建设的"中国经验"和展示现代国家生态治理的"中国魅力"。在新时代现代国家治理的征程中，生态文明建设要坚持以习近平生态文明思想尤其是生态法治观为指导，在充分借鉴和吸收国外生态治理先进经验基础上，构建中国特色社会主义生态法治体系，为美丽中国的建成提供坚实的制度保障。

3　指导思想

习近平生态文明思想内涵丰富，系统完整，"八个命题"充分体现了习近平生态文明思想的深邃历史观、科学自然观、绿色发展观、基本民生观、整体系统观、严密法治观、全民行动观、全球共赢观。这为新时代推进生态文明建设、加强生态环境保护、打好污染防治攻坚战提供了思想武器、方向指引、根本遵循和强大动力。习近平同志站在人类长远发展的战略高度，围绕着"为什么建设生态文明、建设什么样的生态文明、怎样建设生态文明"的重大理论和实践问题发表了一系列重要论述，形成了新时代中国生态文明建设的话语体系，为全球生态治理和世界可持续发展提供了中国理念、中国智慧、中国方案。坚持生态兴则文明兴、坚持人与自然和谐共生、坚持良好的生态环境是最普惠的民生福祉回答了为什么要建设生态文明的问题；坚持山水林田湖草是生命共同体、坚持用最严格制度最严密法治保护生态环境、坚持建设美丽中国全民在行动回答了怎样建设生态文明的问题；坚持绿水青山就是金山银山、坚持共谋全球生态文明建设回答了建设什么样的生态文明的问题。

3.1　文明兴衰观

建设生态文明是关系中华民族永续发展的根本大计，功在当代、利在千秋，关系人民福祉，关乎民族未来[1]。

---

[1] 中共中央国务院.关于全面加强生态环境保护坚决打好污染防治攻坚战意见[N].人民日报,2018-6-25(1).

　　生态文明到底是伴随人类文明始终的基本要求，还是取代工业文明的一种新的文明，是生态文明建设中遇到的一个基本困惑。恩格斯曾经摘引他人的话指出，"文明是一个对抗的过程，这个过程以其至今为止的形式使土地贫瘠，森林荒芜，土壤不能产生其最初的产品，使气候恶化。土地荒芜和温度升高以及气候的干燥，似乎是耕种的后果"①。从大历史科学的视野出发，习近平提出了"生态兴则文明兴，生态衰则文明衰"②的科学论断。人与自然和谐共生的规律，人类文明演进的基本规律，只有遵循这一规律，人类文明才会延续。例如，由于具有强调天人合一、尊重自然的传统，中华文明才延续了五千年。反之，文明就会断绝。例如，玛雅文明、两河文明和楼兰文明的断绝，与生态恶化有关。这样，坚持"生态兴则文明兴"这一论断，为正确把握社会主义生态文明建设提供了科学的生态史观方面的依据和基础③。

　　人与自然的关系是人类社会最基本的关系，协调人与自然的关系是人类文明所要直接面对的问题。人与自然是相互依存的整体，对自然不能只讲利用不讲建设，只讲索取不讲保护。习近平总书记在总结人类文明兴衰史的基础上，提出了"生态兴则文明兴，生态衰则文明衰"的科学论断，这是对人类文明变迁的历史性反思，也是对现代社会的现实观照，丰富和发展了自然生态与人类文明关系的话语体系。人类的文明史就是一部生态史，是一部反映人与自然关系的历史。优美的生态环境是人类生存与发展的基础，是人类文明兴起的根基。没有适合人类生存的自然环境和生产生活条件，就不会有人类及人类社会，更不会有人类的文明。所以，人类不能凌驾于自然之上，人类的生产生活方式必须符合自然规律。如果违背了自然规律、肆意破坏自然环境，就会导致文明的停顿甚至消亡。所以，

---

　　① 恩格斯. 自然辩证法[M]. 北京:人民出版社,1984:311.

　　② 习近平. 干在实处走在前列:推进浙江新发展的思考与实践[M]. 北京:中共中央党校出版社,2016:186.

　　③ 张云飞. 习近平生态文明思想话语体系初探[J]. 探索,2019(4):22-31.

"我们不要过分陶醉于我们人类对自然界的胜利。对于每一次这样的胜利，自然界都对我们进行报复"①。在人类文明历史长河中，人类文明一般都起源于森林茂密、水草肥美的地方，后来一些文明因为生态环境遭到破坏而衰败或发生中心的转移。"你善待环境，环境是友好的；你污染环境，环境总有一天会翻脸，会毫不留情地报复你。这是自然界的规律，不以人的意志为转移。"②人类文明要想继续向前推进持续发展，就必须正确认识人与自然的关系，解决好人与自然的矛盾和冲突，并将其置于文明根基的重要地位。很显然，习近平总书记关于"生态兴则文明兴，生态衰则文明衰"的话语体系，是站在更高层次上对重构人与自然和谐关系的深邃思考，明确了生态文明的历史方位，强调了生态文明建设的重要性③。

其一，"生态兴则文明兴，生态衰则文明衰"理念的理论基础。"生态兴则文明兴，生态衰则文明衰"理念的理论基础马克思主义是一个科学的有机整体。在这个整体中，不但马克思主义自然观具有明确的生态维度，而且马克思主义历史观具有明确的生态指向。马克思主义生态历史观科学揭示了文明和自然的辩证关系。马克思主义历史观具有明确的生态指向，是一种科学的生态历史观。历史和自然具有不可分割的有机联系，人类史和自然史是辩证统一的整体。但是，以往的历史观要么是在唯心主义的基础上来看待这种联系，将人与自然的统一视为"绝对精神"的体现；要么是由于看不到实践的作用而忽视了这种联系，将人与自然的关系排除在历史之外。与之不同的是，在向上提升唯物主义、创立历史唯物主义的过程中，在科学实践观的基础上，马克思和恩格斯鲜明地指出："我们仅仅知道一门唯一的科学，即历史科学。历史可以从两方面来考察，可以把它划分

① （德）马克思，（德）恩格斯．马克思恩格斯文集（第 9 卷）[M]．北京：人民出版社，2009:559-560.

② 习近平．不惜用真金白银来还环境欠债[N]．人民日报，2005-4-15(1).

③ 华启和．习近平新时代中国特色社会主义生态文明建设话语体系图景[J]．湖南社会科学，2018(6):4-7.

为自然史和人类史。但这两方面是不可分割的；只要有人存在，自然史和人类史就彼此相互制约。"这里的自然史其实就是博物学，其实就是生态学。在研究人类历史的过程中，如果撇开自然史，就无从把握人类史。其原因在于，人口、资源、能源、环境、生态等自然物质条件，与生产方式等经济物质条件一样，都是社会存在不可缺少的构成部分。世界历史无非是自然史向人类史的生成过程。自然物质条件构成了历史和文明发生的前提条件，构成了历史和文明存续的物质基础，构成了历史和文明演化的重要动力。可见，历史唯物主义具有明确的生态意蕴和生态价值，马克思主义历史观是一种典型的科学的生态历史观。

人与自然和谐发展的规律是历史进步和文明发展的基本规律。在人类历史的演化过程中，人类通过劳动实践与自然发生关系，生产自己生存和发展需要的物质资料，实现了人与自然的辩证统一。但是，人类改造自然必须要以尊重自然和自然规律为前提，必须在自然界的生态阈值内从事物质生产实践活动，否则就会导致生态环境问题，最终会危及人类自身。在这个过程中，如果文明是自发地发展，而不是自觉地发展，那么人类留给自己的将是荒漠。因此，实现人与自然的和解、人与社会的和解才是历史和文明的必然归宿。

总之，在人与自然之间、在人的需要和自然的功能与属性之间、在人的需要的无限性和自然满足人的需要的有限性之间维持一种必要的张力，是社会发展和文明演进始终要面对的基本问题。

其二，"生态兴则文明兴，生态衰则文明衰"理念的科学内涵。以马克思主义生态历史观为指导思想，在对人类文明变迁历史进行深刻的生态反思的过程中，基于对全球生态危机和中国生态问题的清醒认识和科学把握，习近平生态文明思想创造性地提出"生态兴则文明兴，生态衰则文明衰"的概念。这一理念从历史兴衰的高度科学阐明了生态和文明的辩证关系，科学揭示出二者之间的关系。

自然生态环境的变迁是影响和制约文明兴衰演替的"序参量"。从世界历史的发展看，决定一个民族文明兴衰更替的因素不仅包括经济实力、军事实力、政治实力、科技实力、文化实力和社会凝聚力等因素，而且包括人口因素、资源因素、地理环境、生态安全、自然灾害等因素。在某些特定的历史阶段，自然生态环境因素对一个民族文明的兴衰发挥着至关重要的作用，是影响文明兴衰的至关重要的变量。

一方面，"生态兴则文明兴"。在世界历史发展中，如果尊重自然、节约资源、保护环境、维护生态安全，就会为人类文明发展创造良好的基本条件，就会促进人类文明的持续发展。良好的生态环境是人类文明发展的基础和条件，只有拥有良好的生态环境，勤劳智慧的人民才能创造出灿烂的历史和辉煌的文明。

另一方面，"生态衰则文明衰"。在世界历史发展中，如果违背自然、掠夺资源、污染环境、破坏生态，那么，就会给人类自身带来巨大危害，就会阻碍人类文明的发展。尤其是，如果违背人与自然和谐发展的规律，就会给人类文明的发展带来毁灭性的打击和破坏。

总之，一部人类文明史就是一部生态史，协调人与自然的关系是影响文明兴衰的关键变量。人类文明变迁的历史表明，只有遵循人与自然和谐发展的规律，人类文明才能存在、延续和光大。反之，则会导致文明的衰退甚至消亡。"生态兴则文明兴，生态衰则文明衰"是对人类文明变迁的科学的历史反思和哲学总结。

其三，"生态兴则文明兴，生态衰则文明衰"理念的实践指向。习近平生态文明思想关于"生态兴则文明兴，生态衰则文明衰"的科学理念，继承和发展了马克思主义的生态历史观，对于科学认识生态文明的历史方位和社会定位具有科学的方法论价值。

一是科学认识生态文明的历史方位。除了按照生产关系尤其是生产资料所有制、人的发展程度和水平来划分人类社会发展阶段之外，马克思还根据生产力和科学技术的发展尤其是生产工具的发展来划分人类社会的发展阶段，形成了马克思主义的技术社会形态理论。按照马克思主义的技术社会形态理论，人类社会发展经历了渔猎社会、农业社会、工业社会、信息社会等几个阶段。与之相对应，可以将人类文明的演化划分为渔猎文明、农业文明、工业文明和智能文明等几种形态。同样，习近平总书记在网络安全和信息化工作座谈会上的讲话（2016 年 4 月 19 日）指出："从社会发展史看，人类经历了农业革命、工业革命，正在经历信息革命。农业革命增强了人类生存能力，使人类从采食捕猎走向栽种畜养，从野蛮时代走向文明社会。工业革命拓展了人类体力，以机器取代了人力，以大规模工厂化生产取代了个体工场手工生产。而信息革命则增强了人类脑力，带来生产力又一次质的飞跃，对国际政治、经济、文化、社会、生态、军事等领域发展产生了深刻影响。"虽然现代生态文明是在批判和反思工业文明的过程中产生的，但是生态文明不是取代工业文明的具体的文明形态。其原因在于，生态文明和工业文明不是一个逻辑层次上的概念。从根本上来看，当今世界全球生态危机的出现，是人类在资本逻辑的支配下盲目改造自然、战胜自然的恶果。人与自然的关系是一种典型的生态关系，而这种关系在每一个社会阶段都起着非常重要的作用。如果人与自然的生态关系处理不当，必将影响着人类文明的发展。因此，人类社会文明形态的推进，就要求任何一种文明形态都必须将社会发展保持在自然系统的可承载力和可更新的范围之内。事实上，生态文明是贯穿于渔猎文化、农业文明、工业文明、智能文明等文明形态发展全过程的基本要求。当前，我国必须协调工业文明和生态文明的关系，实现二者的有机融合，坚持走新型工业化道路。

二是科学认识生态文明的社会定位。人类社会是一个复杂的有机体，由经济、政治、文化、社会以及生态等结构层次组成，人类实践活动相应的积极成果在这些结构层次中分别积淀为物质文明、政治文明、精神文明、社会文明、生态文明等。这些文明要素之间存在着系统的关联，从而构成了人类的文明系统。正如自然界为人类的生存和发展提供物质条件一样，生态文明也是人类其他文明成果形成和发展的前提和基础。人类文明发展的历史表明，没有生态文明的保障，人类很难创造物质文明、政治文明、精神文明、社会文明等方面的成果，甚至已经取得的文明成果也会逐渐衰落。因此，不仅要处理好经济发展与环境保护的关系，实现物质文明和生态文明共同发展、协调发展，还要实现政治文明与生态文明、精神文明与生态文明、社会文明与生态文明的共同发展、协调发展，把生态文明的理念贯穿到社会的经济、政治、文化、社会的各方面，从而实现中国特色社会主义社会的全面发展，实现中华文明的永续发展。正是根据这一点，我们党将生态文明建设创造性地纳入"五位一体"的中国特色社会主义总体布局中。在此基础上，2018 年 3 月修订的《中华人民共和国宪法》规定，要"推动物质文明、政治文明、精神文明、社会文明、生态文明协调发展，把我国建设成为富强民主文明和谐美丽的社会主义现代化强国"。因此，生态文明是与物质文明、政治文明、精神文明、社会文明并列的文明要素或文明形式，我国必须实现物质文明、政治文明、精神文明、社会文明、生态文明的全面发展、共同发展、协调发展，最终促进社会的全面进步和人的全面发展，走向人与自然和解、人与社会和解的共产主义社会。

总之，习近平生态文明思想关于"生态兴则文明兴，生态衰则文明衰"的科学理念，为科学处理生态文明和文明形态、生态文明与文明要素的关系提供了科学的理论指导[①]。

3.2 和谐共生观

保护自然就是保护人类，建设生态文明就是造福人类。必须尊重自

---

① 张云飞.辉煌 40 年：中国改革开放系列丛书·生态文明建设卷[M].合肥：安徽教育出版社，2018:52-57.

然、顺应自然、保护自然，像保护眼睛一样保护生态环境，像对待生命一样对待生态环境，推动形成人与自然和谐发展现代化建设新格局，还自然以宁静、和谐、美丽①。

人与自然是生命共同体。生态环境没有替代品，用之不觉，失之难存。"天地与我并生，而万物与我为一。""天不言而四时行，地不语而百物生。"当人类合理利用、友好保护自然时，自然的回报常常是慷慨的；当人类无序开发、粗暴掠夺自然时，自然的惩罚必然是无情的。人类对大自然的伤害最终会伤及人类自身，这是无法抗拒的规律。"万物各得其和以生，各得其养以成"，这方面有很多鲜活生动的事例。始建于战国时期的都江堰，距今已有 2000 多年历史，就是根据岷江的洪涝规律和成都平原悬江的地势特点，因势利导建设的大型生态水利工程，不仅造福当时，而且泽被后世。

在整个发展过程中，我们都要坚持节约优先、保护优先、自然恢复为主的方针，不能只讲索取不讲投入，不能只讲发展不讲保护，不能只讲利用不讲修复，多谋打基础、利长远的善事，多干保护自然、修复生态的实事，多做治山理水、显山露水的好事，让群众望得见山、看得见水、记得住乡愁，让自然生态美景永驻人间，还自然以宁静、和谐、美丽②。建设好生态文明，首要的是准确把握人与自然的关系，这是核心，也是根本。习近平总书记指出，"人因自然而生，人与自然是一种共生关系"，"自然界是人类社会产生、存在和发展的基础和前提"③。人类是自然界的一部分，人类不能与自然相对立，不能妄图去统治、征服自然，而要与之和谐共处。破坏了生态环境这一人类生存最为重要的条件，可持续发展就失去了基础。习近平总书记指出，"人类发展活动必须尊重自然、顺应自然、

① 中共中央国务院.关于全面加强生态环境保护坚决打好污染防治攻坚战意见[N].人民日报,2018-6-25(1).

② 习近平.推动我国生态文明建设迈上新台阶[J].求是,2019(3):4-19.

③ 陈雄,吕立志,人与自然生命共同体[J].红旗文稿,2019(16):25-26.

保护自然，否则就会遭到大自然的报复。这个规律谁也无法抗拒"。只有尊重自然规律，才能有效防止在开发利用自然上走弯路。我们要建设的现代化是人与自然和谐共生的现代化，既要创造更多物质财富和精神财富以满足人民日益增长的美好生活需要，也要提供更多优质生态产品以满足人民日益增长的优美生态环境需要。必须坚持节约优先、保护优先、自然恢复为主的方针，多谋打基础、利长远的善事，多干保护自然、修复生态的实事，形成节约资源和保护环境的空间格局、产业结构、生产方式、生活方式，构建人与自然和谐发展现代化建设新格局①。

马克思主义哲学是生态文明的哲学基础。但是，究竟哪一个具体的哲学概念才能承担起此重任呢？与生态中心主义的"内在价值"相比，我们确实一度对之语焉不详，而失去了话语权。对此，党的十九大报告提出，"人与自然是生命共同体，人类必须尊重自然、顺应自然、保护自然"②。这一论断深刻揭示出人对自然依赖的内在性和有机性、人与自然关系的整体性和系统性，体现了唯物论和辩证法的有机统一，为社会主义生态文明建设提供了科学的本体论依据和基础。这样，就为我们树立尊重自然、顺应自然、保护自然的理念，提供了科学的世界观和方法论。显然，这是马克思主义自然观的创造性发展。"这里我们的目的是展现另一种不同的自然概念，大部分由遵循马克思主义传统的科学家所提出。这是唯物主义，但不是机械论；是相互作用和自然生成，但不是功能主义。我们主要考察的是显现秩序的生成、变化的本质，以及他们如何与人类和环境之间的关系相关，特别是与当下全球环境危机时代相关。"③进而，党的十九大将"坚持人与自然和谐共生"作为新时代坚持和发展中国特色社会主义的基

---

① 《求是》编辑部.在习近平生态文明思想指引下迈入新时代生态文明建设新境界[J].求是,2019(3):20-29.

② 习近平.决胜全面建成小康社会 夺取新时代中国特色社会主义伟大胜利:在中国共产党第十九次全国代表大会上的报告[N].人民日报,2017-10-28.

③ John Bellamy Foster,Brett Clark and Richard York.The Ecological Rift:Capitalism's War on the Earth[M].New York:Monthly Review Press,2010.

本方略之一，要求我们形成人与自然和谐共生的现代化新格局。这样，就为坚持人与自然和谐共生的理念指明了实践方向和现实途径①。

党的十九大报告指出，要牢固树立社会主义生态文明观，推动形成人与自然和谐发展现代化建设新格局。我们要建设的现代化是人与自然和谐共生的现代化，既要创造更多物质财富和精神财富以满足人民日益增长的美好生活需要，也要提供更多优质生态产品以满足人民日益增长的优美生态环境需要②。这一科学论断充分说明，现代化必须以人与自然和谐共生为基本前提，没有绿水青山的现代化不是真正的现代化，没有人与自然和谐的现代化不是真正的现代化，丰富和发展了现代化的话语体系。谋求现代化，是世界各国发展的主题。西方国家最早走向现代化道路，作为现代化最重要的象征，工业化带来了环境污染、生态恶化等严重的环境问题，这是以牺牲环境为代价的"黑色现代化"。这种"黑色现代化"曾一度使西方国家陷入了发展的困境。当然，在追求现代化的过程中，每个国家走的道路千差万别，不存在"唯一正确的"现代化道路。自鸦片战争以来，现代化就成为中国人长期追求的梦想。以毛泽东同志为代表的第一代中国共产党人立志初心、肩负使命探索中国特色的现代化革命道路，使中国人民站了起来。邓小平同志开创改革开放和中国特色社会主义道路，明确了由温饱、小康到基本现代化"三步走"战略，使中国人民富了起来。党的十八大以来，以习近平同志为核心的党中央统筹推进"五位一体"总体布局，协调推进"四个全面"战略布局，坚定不移贯彻新发展理念，有力推动了我国社会主义现代化进程，中华民族迎来了从站起来、富起来到强起来的伟大飞跃，中国特色社会主义进入了新时代。在新时代，人与自然之间的矛盾已经从次要矛盾转变为主要矛盾，制约人民日益增长的美好生活需要的主要因素是发展不平衡不充分的问题。习近平总书记指出，"我国

---

① 张云飞.习近平生态文明思想话语体系初探[J].探索,2019(4):22-31.

② 习近平.决胜全面建成小康社会 夺取新时代中国特色社会主义伟大胜利:在中国共产党第十九次全国代表大会上的报告[N].人民日报,2017-10-28.

生态环境矛盾有一个历史积累过程，不是一天变坏的，但不能在我们手里变得越来越坏，共产党人应该有这样的胸怀和意志"①。党的十九大报告把"坚持人与自然和谐共生"纳入新时代坚持和发展中国特色社会主义的基本方略，明确指出"我们要建设的现代化是人与自然和谐共生的现代化"。一个强大的社会主义国家，不仅是一个经济发达的国家，也是一个生态优美的发达的国家。小康社会不仅是物质文明的小康社会，也是生态文明的小康社会，是"五位一体"的小康社会。为实现人与自然和谐共生的现代化，党中央已经绘制了路线图和时间表。党的十九大报告提出到 2035 年"生态环境根本好转，美丽中国目标基本实现"、本世纪中叶"把我国建成富强民主文明和谐美丽的社会主义现代化强国"②。"美丽"已经成为现代化强国的重要体现，这充分说明在实现现代化的每一个阶段，都蕴含着对美好生活的追求，促进人与自然和谐共生已经成为建设美丽中国的必由之路，成为社会各界共同奋斗的目标③。

人与自然和谐共生的自然观，不仅强调了自然环境于人而言所具有的先在性特质，而且强调了人与自然环境相互依赖的互益性特质。从词源上讲，"和谐"是指两个及以上的不同类型事物匹配适当、配合协调的关系状态。《现代汉语词典》把"两种不同的生物生活在一起，相依生存，对彼此都有利"这样的生活方式称为共生。和谐共生就是通过促成人类活动与自然环境的匹配协调，达到对彼此有益的境界，其内涵有三：第一，人与自然彼此平等，两者属于主体间性关系，不是主体与客体之间征服与被征服的关系。鉴于人类掌握了强大的工业技术，为了维持平等关系，人类应有"生态优先"的态度。第二，人与自然相互依赖，互有需求，彼此有

① 中共中央文献研究室.习近平关于社会主义生态文明建设论述摘编[M].北京:中央文献出版社,2017:8.

② 习近平.决胜全面建成小康社会 夺取新时代中国特色社会主义伟大胜利:在中国共产党第十九次全国代表大会上的报告[N].人民日报,2017-10-28.

③ 华启和.习近平新时代中国特色社会主义生态文明建设话语体系图景[J].湖南社会科学,2018(6):1-7.

益。人类需要自然环境提供食物和生存条件，自然环境也需要人类友善的生产开发活动彰显其价值，需要人类呵护般的治理保护举措来维护永续存在与繁衍。人与自然不是冲突、对立的紧张关系，而是互需互益的生命共同体，保护自然环境就是保护人类自己，伤害自然环境也就是伤害人类自身。人类具有超强的自利性冲动，时时突破边界冲击自然环境。为了建构和谐共生的关系，人类应该闭合某些欲望，主动照应自然环境的需求，平衡人类与自然环境双方的需要，在开发环境方面标出"红线"，与自然环境保持"彼此有利、良性循环"的关系格局。第三，处理人与自然的关系需要树立匹配观念。人类活动特别是资源开发活动、生产活动和生活活动，在性质、种类和程度上，要充分照应自然环境的承受能力与自我修复能力，讲究匹配性，注意零匹配、类型匹配和量度匹配的掌握。凡是不能承受人类任何惊扰的自然环境区域，如生态脆弱地区，人类坚决不可染指涉足，远离就是最好的保护。这是零匹配。有些自然环境的区域能够接受人类某些活动，不能接受另外的活动，因此人类安排生产与生活活动时应充分照应自然的可接受性，只安排环境能接受的活动类型，坚决弃绝不能接受的活动类型。这是类型匹配。量度匹配是指环境区域能接受的人类活动，布局上要有"极简"思维，活动类型不可求全，项目数量不可过多，开发频率不可过高，索取程度不可过分，以谨慎利用和精致管理自然资源为准则，使人类活动与自然在度上匹配适当、和睦协调。已经过度开发的地区，要有休养生息的考虑，回归自然，并进行生态改造，以重构生态、生活质量与经济发展之间的协调关系，促进人与自然和谐共生[①]。

在科学把握现代化和生态化关系的基础上，2017 年 10 月 18 日，习近平在党的十九大报告中提出，要"推动形成人与自然和谐发展现代化建设新格局"。这不仅指明了中国特色社会主义生态现代化的道路和方向，而

---

① 何修猛. 习近平生态文明思想的话语框架[J]. 实事求是，2019（1）：20-26.

且指明了社会主义现代化的生态化取向和目标[①]。

其一，人与自然和谐发展现代化建设新格局的理论依据。马克思主义现代化理论奠定了"推动形成人与自然和谐发展现代化建设新格局"科学理念的理论基础。

现代化是人类社会实现从传统农业社会向现代工业社会的转变过程，其基础和核心是工业化。由于人类社会是一个复杂的系统，因此现代化又是一个整体的社会进步过程。马克思、恩格斯揭示出了现代化发展的一般规律。从总体上来看，"现在的社会不是坚实的结晶体，而是个能够变化并且经常处于变化过程中的有机体"。作为社会有机体的典型形态，现代社会必须坚持全面发展才能持续下去。社会主义现代化必须突破单面发展，实现社会的全面发展和社会进步。从现代化的自然物质前提和自然物质基础来看，现代化必须在维护和实现人与自然和谐发展的过程中才能进行下去。因此，社会主义现代化必须以追求人与自然的和谐为基本目标。

在探索中国特色社会主义现代化道路的过程中，中国共产党自主提出了生态现代化设想。众所周知，小康社会是中国特色社会主义现代化的阶段目标。党的十六大将可持续发展确立为全面建设小康社会的四大目标之一。这就表明，中国特色社会主义现代化是经济现代化、政治现代化、文化现代化和生态现代化四者的统一。在此基础上，党的十七大从经济、政治、文化、社会、生态文明五个方面提出了全面建设小康社会奋斗目标的新要求。党的十八大提出了经济建设、政治建设、文化建设、社会建设、生态文明建设"五位一体"的中国特色社会主义总体布局。这就表明，中国特色社会主义现代化是经济、政治、文化、社会、生态五个方面现代化的集合。党的十九大提出，要把我国建设成为富强民主文明和谐美丽的社会主义现代化强国。其中，富强主要是经济现代化的目标和方向，民主主

---

① 张云飞. 辉煌 40 年：中国改革开放系列丛书·生态文明建设卷[M]. 合肥：安徽教育出版社，2018.

要是政治现代化的目标和方向，文明主要是文化现代化的目标和方向，和谐主要是社会现代化的目标和方向，美丽主要是生态现代化的目标和方向。当然，其他现代化和发展目标都必须建立在经济现代化的基础上。在确认社会主义社会是全面发展和全面进步的社会、中国特色社会主义事业是全面发展和全面进步的事业的基础上，中国共产党自主性地提出了社会主义生态现代化的理念。换言之，建设社会主义生态文明是实现社会主义现代化的生态要求和生态目标。总之，马克思主义关于现代化的生态批评和生态认识，以及中国共产党关于社会主义现代化建设生态要求和生态目标的历史探索，为人与自然和谐发展现代化建设新格局提供了理论基础。

其二，人与自然和谐发展现代化建设新格局的理论内涵。"推动形成人与自然和谐发展现代化建设新格局"，就是要把生态化和现代化统一起来，既要实现中国特色社会主义生态现代化，又要保证中国特色社会主义现代化符合生态化的原则和要求。美丽是我国社会主义现代化建设的底色和特色。这就是要大力贯彻和落实可持续发展战略，坚持绿色发展，实现人与自然和谐发展，建设美丽中国，建设社会主义生态文明。美丽意味着实现生态化、绿色化、优美化，是合规律性、目的性的统一，是自然尺度和人的尺度的统一。这也是"推动形成人与自然和谐发展现代化建设新格局"的基本意蕴。

根据我国目前的现代化水平和方位，党的十九大报告提出了新时代中国特色社会主义现代化建设的战略安排：第一，从现在到 2020 年，为全面建成小康社会决胜阶段； 第二，从 2020 年到 2035 年，是基本实现社会主义现代化阶段； 第三，从 2035 年到 21 世纪中叶，为建设社会主义现代化强国的阶段①。

---

① 张云飞.辉煌 40 年：中国改革开放系列丛书·生态文明建设卷[M].合肥:安徽教育出版社,2018:79-81.

3.3 绿色发展观

绿水青山既是自然财富、生态财富，又是社会财富、经济财富。保护生态环境就是保护生产力，改善生态环境就是发展生产力。必须坚持和贯彻绿色发展理念，平衡和处理好发展与保护的关系，推动形成绿色发展方式和生活方式，坚定不移走生产发展、生活富裕、生态良好的文明发展道路[①]。

这是重要的发展理念，也是推进现代化建设的重大原则。绿水青山就是金山银山，阐述了经济发展和生态环境保护的关系，揭示了保护生态环境就是保护生产力、改善生态环境就是发展生产力的道理，指明了实现发展和保护协同共生的新路径。绿水青山既是自然财富、生态财富，又是社会财富、经济财富。保护生态环境就是保护自然价值和增值自然资本，就是保护经济社会发展潜力和后劲，使绿水青山持续发挥生态效益和经济社会效益。

生态环境问题归根结底是发展方式和生活方式问题，要从根本上解决生态环境问题，必须贯彻创新、协调、绿色、开放、共享的发展理念，加快形成节约资源和保护环境的空间格局、产业结构、生产方式、生活方式，把经济活动、人的行为限制在自然资源和生态环境能够承受的限度内，给自然生态留下休养生息的时间和空间。要加快划定并严守生态保护红线、环境质量底线、资源利用上线三条红线。对突破三条红线、仍然沿用粗放增长模式、吃祖宗饭砸子孙碗的事，绝对不能再干，绝对不允许再干。在生态保护红线方面，要建立严格的管控体系，实现一条红线管控重要生态空间，确保生态功能不降低、面积不减少、性质不改变。在环境质

---

① 中共中央国务院.关于全面加强生态环境保护坚决打好污染防治攻坚战意见[N],人民日报,2018-6-25(1).

量底线方面，将生态环境质量只能更好、不能变坏作为底线，并在此基础上不断改善，对生态破坏严重、环境质量恶化的区域必须严肃问责。在资源利用上线方面，不仅要考虑人类和当代的需要，也要考虑大自然和后人的需要，把握好自然资源开发利用的度，不要突破自然资源承载能力①。

绿水青山与金山银山的关系，实质上是经济发展与生态环境保护的关系。在实践中，对二者关系的认识经过了"用绿水青山去换金山银山""既要金山银山也要保住绿水青山""让绿水青山源源不断地带来金山银山"三个阶段，这是一个理论和实践逐步深化的过程，更是对人与自然关系的规律性把握和运用不断深化的过程。习近平总书记指出，坚持绿水青山就是金山银山，是重要的发展理念，也是推进现代化建设的重大原则，必须树立和践行绿水青山就是金山银山的理念。这一科学理念，深刻揭示了保护生态环境就是保护生产力，改善生态环境就是发展生产力的道理，阐明了经济发展与环境保护的辩证统一关系。"鱼逐水草而居，鸟择良木而栖。"如果其他各方面条件都具备，谁不愿意到绿水青山的地方来投资、来发展、来工作、来生活、来旅游？从这一意义上说，绿水青山既是自然财富，又是社会财富、经济财富。经济发展不应是对资源和生态环境的竭泽而渔，生态环境保护也不应是经济发展的缘木求鱼，而是要坚持在发展中保护、在保护中发展，实现经济社会发展与人口、资源、环境相协调。这就需要坚定不移地贯彻绿色发展理念，把经济活动、人的行为限制在自然资源和生态环境能够承载的限度内，给自然生态留下休养生息的时间和空间，实现经济社会发展和生态环境保护协同共进②。

生态文明建设的核心问题是正确处理发展和保护、现代化和绿色化（生态化）的关系。以人民群众建设生态文明的实践经验为基础，习近平提出了"绿水青山就是金山银山"的科学命题。这里，绿水青山是指自然

---

① 习近平. 推动我国生态文明建设迈上新台阶[J]. 求是，2019(3):4-19.

② 《求是》编辑部. 在习近平生态文明思想指引下迈入新时代生态文明建设新境界[J]. 求是，2019(3):20-29.

生态价值和效益等要素和要求，金山银山是指社会经济价值和效益等要素和要求。按照这一基本命题，我们要树立发展和保护相统一的理念、自然价值和自然资本的理念、自然生产力和生态生产力的理念，坚持社会经济价值和自然生态价值、社会经济效益和生态环境效益的统一，大力促进产业的生态化和生态的产业化，建立和完善生态经济体系，最终要实现物质文明和生态文明的共同发展和有机融合。显然，这一基本命题既表达了马克思主义生态辩证法的要求，科学地阐明了马克思主义生态经济学的基本观点，又为社会主义生态文明建设提供了生态辩证法和生态经济价值观等方面的依据和基础①。

正确处理好经济发展与环境保护的关系，是人类社会在谋求现代化的过程中必须要面对的难题。西方国家走的是先污染后治理的道路，用牺牲环境为代价换取经济的发展。习近平总书记坚决反对走先污染后治理的老路，创造性地提出"我们既要绿水青山，也要金山银山。宁要绿水青山，不要金山银山，而且绿水青山就是金山银山。我们绝不能以牺牲生态环境为代价换取经济的一时发展"②这一科学论断，深刻阐明了经济发展与环境保护的辩证关系，破解了经济发展和环境保护的难题，既充分体现了我们党对自然规律、经济社会发展规律认识的深化，又丰富和发展了我们党的发展话语体系。正确处理好环境保护与经济发展的关系，也就是要处理好绿水青山与金山银山的关系，这是加强生态文明建设的内在要求。改革开放以来，人们在长期的发展实践中，对绿水青山与金山银山这"两座山"关系的认识，大致经历了三个阶段：第一个阶段是用绿水青山换金山银山。不考虑或者很少考虑环境的承载力，一味索取资源。第二个阶段是既要金山银山，但是也要保住绿水青山。这时候经济发展与资源匮乏、环境恶化之间的矛盾开始凸显出来，人们意识到环境是我们生存发展的根本，要留

① 张云飞.习近平生态文明思想话语体系初探[J].探索,2019(4):22-31.

② 中共中央文献研究室.习近平关于社会主义生态文明建设论述摘编[M].北京:中央文献出版社,2017:21.

得青山在，才能有柴烧。第三个阶段是认识到绿水青山可以源源不断地带来金山银山，绿水青山本身就是金山银山①。这里所讲的第一个阶段就是为追求经济的发展，不惜以牺牲环境为代价，破坏了绿水青山，造成了严重的环境问题。第二个阶段人们开始意识到环境保护的重要性，只要绿水青山常在，才会有金山银山。第三个阶段人们意识到把环境保护好了，经济也能发展上去，绿水青山可以源源不断地带来金山银山，生态优势可以转化为经济优势。这三个阶段，充分体现了发展理念的提升、经济增长方式的转变，体现了人与自然的关系不断地走向和谐的过程。要从绿水青山走向金山银山，实现绿水青山就是金山银山，跨越"环境卡夫丁峡谷"，就必须从黑色发展走向绿色发展。"绿色发展，就其要义来讲，是要解决好人与自然和谐共生问题。人类发展活动必须尊重自然、顺应自然、保护自然，否则就会遭到大自然的报复，这个规律谁也无法抗拒。"②绿色发展就是摒弃传统的发展观念，从根本上改变经济发展与环境保护的对立。不能只要金山银山，不要绿水青山；不能不顾子孙后代，竭泽而渔的发展。所以，必须树立和践行绿水青山就是金山银山的理念，坚定走生产发展、生活富裕、生态良好的文明发展道路，形成人与自然和谐发展的现代化建设新格局③。

　　协调经济发展和环境保护的关系，正确处理自然的生态价值与经济价值的关系，是任何国家在发展过程中都会遇到的普遍问题，也是社会主义生态文明建设的主要任务。对于这一问题的科学回答，习近平形象地将其表述为"绿水青山就是金山银山"（简称为"两山论"）。党的十八大以来，他多次强调了这一理念。党的十九大报告提出"必须树立和践行绿水

① 习近平.之江新语[M].杭州:浙江人民出版社,2007:186.

② 中共中央文献研究室.习近平谈治国理政(第2卷)[M].北京:外文出版社,2017:207.

③ 华启和.习近平新时代中国特色社会主义生态文明建设话语体系图景[J].湖南社会科学,2018(6):1-7.

青山就是金山银山的理念"。党的十九大修改的《中国共产党章程》要求"增强绿水青山就是金山银山的意识"。"两山论"已经成为习近平生态文明思想的重要组成部分，成为指导我国经济社会可持续发展的科学理念①。

其一，"绿水青山就是金山银山"理念的理论基础。马克思主义生态经济学思想为正确把握"绿水青山就是金山银山"理念的科学内涵奠定了理论基础。自然是劳动的前提条件。人类劳动的产生和发展具有固有的生态机制。在一般意义上，生产力的三个要素都来源于自然界。自然界不仅提供了劳动对象和劳动资料，而且提供了劳动者。作为生产力主体的人类是自然界长期发展的结果，自然对于人类具有先在性和条件性。自然界为人类提供了生活资料和生产资料，没有客观的自然界作为前提，人类就无法进行生产，无法生存下去。就劳动的现实情况来看，劳动过程就是劳动者运用一定的劳动资料作用于劳动对象的过程。以劳动为基础和中介，在人与自然之间建立起了现实的物质变换关系。因此，将劳动过程作为简单的、抽象的要素来说，是制造使用价值的有目的的活动，是为了人类的需要而对自然物的占有，是人和自然之间的物质变换的一般条件，是人类生活的永恒的自然条件。与其说它不以人类生活的任何形式为转移，倒不如说，它为人类生活的一切社会形式所共有。因此，我们不必来叙述一个劳动者与其他劳动者的关系。一边是人及其劳动，另一边是自然及其物质，这就够了。显然，物质变换表明了人与自然之间的固有的生态联系，劳动使这种联系成为现实的关系。

自然生产力是生产力的重要形式。生产力是一个复杂系统。从其构成形式和表现形式来看，它既包括社会生产力，又包括自然生产力在现实中的劳动过程。人的社会生产力与自然界的自然生产力都同样发挥着重要的作用。这里的自然生产力，不仅仅指"单纯的自然力，如水、风、蒸汽、电等"在无机界发生的自然力量，还包括在有机界发生的和经过人类劳动

---

① 张云飞. 辉煌40年:中国改革开放系列丛书·生态文明建设卷[M]. 合肥:安徽教育出版社,2018.

改造过的自然力量以及这些力量的整合力。马克思认为，自然生产力是人类以及动物等物种赖以生存和发展的前提条件和保证，自然生产力影响、制约着社会生产力。从社会进步过程来看，"撇开社会生产的形态的发展程度不说，劳动生产率是同自然条件相联系的。这些自然条件都可以归结为人本身的自然（如人种等等）和人的周围的自然"。马克思还特别说道："农业劳动的生产率是和自然条件联系在一起的，并且由于自然条件的生产率不同，同量劳动会体现为较多或较少的产品成使用的气值。"可见，马克思不但承认自然生产力的存在，而且充分肯定了自然生产力在社会生产中的地位和作用。

自然界是财富形成的重要源泉。马克思主义劳动价值论认为，商品是价值和使用价值的统一。其中，自然界提供了使用价值，劳动创造了价值。没有自然界提供的使用价值，劳动创造价值的过程就成为神创造世界的过程，或者无中生有的过程。因此，恩格斯指出："政治经济学家说：'劳动是一切财富的源泉。'其实，劳动和自然界在一起才是一切财富的源泉，自然界为劳动提供材料，劳动把材料转变为财富。"正像威廉·配第所说的那样，劳动是财富之父，土地是财富之母。马克思主义劳动价值论关于使用价值与交换价值、具体劳动与抽象劳动、劳动与资本等关系的科学原理，充分揭示了资本主义生产方式的反自然、反生态的本性，为实现人与自然的和解指明了方向。显然，自然界是财富形成的重要源泉，马克思主义劳动价值论具有生态维度。在马克思主义政治经济学的视野中，生态价值和生态资本的概念能够成立。

总之，在社会生产中，"人和自然，是携手并进的"。自然是劳动得以进行的前提条件，自然生产力是生产力的重要形式，自然界是社会财富形成的重要源泉。

其二，"绿水青山就是金山银山"理念的科学内涵。"绿水青山就是金山银山"理念有着丰富的科学内涵，涵盖了生态经济价值论、生态建设优先论、生态和谐共生论等意蕴。

　　"两山论"具有生态经济价值论意蕴。就绿水青山和金山银山的关系来看，绿水青山指的是生态价值，金山银山指的是经济价值。"绿水青山就是金山银山"意味着，在一定条件下，生态价值可以转化为经济价值，甚至生态价值就是经济价值。作为生态资源、生态环境，绿水青山本身就具有经济价值，可以直接或间接转化为经济资源。2015年9月，中共中央、国务院印发的《生态文明体制改革总体方案》提出，必须"树立自然价值和自然资本的理念，自然生态是有价值的，保护自然就是增值自然价值和自然资本的过程，就是保护和发展生产力，就应得到合理回报和经济补偿"。归纳起来，生态价值即生态系统的总体性价值，是包括经济价值与环境价值的有机整体。具体而言，生态价值既包括良好的生态产品的价值，如空气、水土资源的清洁度所体现的生态价值，也包括矿资源所承载的生态价值，以及生态系统完整性所蕴含的生态价值，还包括人类通过减少污染、修复生态等行为而获得的价值。不但自然有价，而且生态价值也能够被测度与计量。20世纪90年代以来，我国不断探索自然资源价值核算的理论和实践。显然，"绿水青山就是金山银山"蕴含了生态经济价值论，是对马克思主义劳动价值论的丰富和发展。

　　"两山论"具有生态建设优先论意蕴。2013年9月7日，习近平在哈萨克斯坦纳扎尔巴耶夫大学发表演讲时述了"两山"的辩证关系。这也是我国在国际场合上首次公开论述"绿水青山就是金山银山"理念。他指出，我国既要绿水青山，也要金山银山。宁要绿水青山，不要金山银山，而且绿水青山就是金山银山。演讲后，他回答学生提问时坚定地说，我国绝不能以牺牲生态环境为代价换取经济的一时发展。习近平的讲话从不同角度阐明了发展经济与保护生态二者之间的辩证统一关系，既有侧重又不可分割，构成了一个有机整体。他所讲的"宁要绿水青山，不要金山银山"的论断清楚地表明，当经济发展与生态保护发生冲突矛盾时，必须毫不犹豫地把保护自然生态环境放在首位，而绝不可再走用绿水青山去换金山银山的老路。生态建设优先论主要突出的是自然规律和自然价值的优先性，要求人类行为尤其是人类的经济行为必须以尊重自然与自然规律为前提。党的十八大以来，习近平多次强调必须走生态优先、绿色发展之路，使绿水青山产生巨大的生态效益、经济效益和社会效益。

"两山论"具有生态和谐共生论意蕴。"既要绿水青山，也要金山银山"体现了人与自然和谐共生的规律。人与自然的关系是人类社会最基本的关系。人类要生存和发展，就必须与自然发生关系，就必须处理好人与自然之间的关系。"既要绿水青山，也要金山银山"要求必须坚持人与自然和谐共生，实现自然环境的生态价值和经济价值的统一。自然环境的经济价值是一种消费性价值，而生态价值是一种非消费性价值。人类要生存和发展就必须利用社会实践有目的地改造自然和利用自然，为人类提供生存和发展必需的生活资料和生产资料，并通过消费，获得"金山银山"这一经济价值。但是，人类的过度生产和过度消费，在实现自然环境的经济价值的同时，破坏了自然环境的生态价值。人类往往以生态环境的破坏为代价来换取经济的发展，从而陷入了生产和消费的悖论甚至会危及人类的生存。在这种情况下，绿色发展注重的是解决人与自然和谐问题。绿色循环低碳发展，是当今时代科技革命和产业变革的方向，是最有前途的发展领域，我国在这方面的潜力相当大，可以形成很多新的经济增长点。我国资源约束趋紧、环境污染严重、生态系统退化的问题十分严峻，人民群众对清新空气、干净饮水、安全食品、优美环境的要求越来越强烈。为此，我们必须坚持节约资源和保护环境的基本国策，坚定走生产发展、生活富裕、生态良好的文明发展道路，加快建设资源节约型、环境友好型社会，推进美丽中国建设，为全球生态安全作出新贡献。可见，"既要绿水青山，也要金山银山"，既体现了人与自然和谐共生的规律，又蕴含着天人合一、道法自然的中华优秀传统文化大智慧，极大地丰富了社会主义生态文明观。

总之，"两山论"深刻揭示了自然与人类、生态与发展、生态与社会的内在关联性和统一性，不仅是习近平生态文明思想的经济理念，而且是习近平生态文明思想的形象表达。

其三，"绿水青山就是金山银山"理念的实践指向。在新时代，建设社会主义生态文明必须坚持和践行"绿水青山就是金山银山"的科学理念，并将之贯彻到经济社会发展全过程和各方面。

第一，推动经济理念的绿色化。坚持和践行"两山论"首先要求经济发展的理念实现绿色化，在树立"绿水青山就是金山银山"理念的基础上，要牢固树立以下理念。

树立自然生产力和生态生产力的理念。自然生态环境不但是生产力三个组成要素的最初的、最基本的来源，而且是影响生产力要素结合方式和生产力发展水平的关键因子。习近平指出，"环境就是民生，青山就是美丽，蓝天也是幸福，绿水青山就是金山银山；保护环境就是保护生产力，改善环境就是发展生产力。在生态环境保护上，一定要树立大局观、长远观、整体观，不能因小失大、顾此失彼、寅吃卯粮、急功近利。我们要坚持节约资源和保护环境的基本国策，像保护眼睛一样保护生态环境，像对待生命一样对待生态环境，推动形成绿色发展方式和生活方式，协同推进人民富裕、国家强盛、中国美丽"。同样，我们可以认为，污染生态环境就是损害生产力，破坏生态环境就是毁灭生产力。因此，必须牢固树立自然生产力和生态生产力的理念，更加自觉地推动绿色发展、循环发展、低碳发展。

树立经济发展和自然保护相统一的理念。这里所说的自然保护是指资源保护、环境保护和生态保护的总体。在社会主义现代化建设中，我们要坚持发展是硬道理的战略思想，而发展必须是绿色发展，必须是可持续发展，必须实现发展与保护的有机统一、相互促进、相互提高。因此，根据"两山论"，我国必须"树立发展和保护相统一的理念，坚持发展是硬道理的战略思想，发展必须是绿色发展、循环发展、低碳发展，平衡好发展和保护的关系，按照主体功能定位控制开发强度，调整空间结构，给子孙后代留下天蓝、地绿、水净的美好家园，实现发展与保护的内在统一和相互促进"。这就是说，经济发展不应是对自然资源和生态环境的强制掠夺，生态环境保护也不应是舍弃经济发展的一味退却，而是要坚持在发展中保护、在保护中发展，实现经济社会发展与人口资源环境相协调，不断提高资源利用水平，加快构建绿色生产体系和绿色消费体系，在全社会牢固树立社会主义生态文明观。当然，实现经济发展的绿色化还需要从其他方面做出努力。

第二，推动经济发展的绿色化。绿水青山能否转化为金山银山，关键在人，关键在思路。换言之，只有大力发展生态化的产业，大力推进产业的生态化，才能够使绿水青山转换为金山银山，才能够将绿水青山和金山银山统一起来。

实现生态的产业化。在现代化建设中，必须根据各地的自然禀赋和生态环境阈值等方面的因素，合理安排产业结构。习近平指出，"保护生态环境就是保护生产力，改善生态环境就是发展生产力。让绿水青山充分发挥经济社会效益，不是要把它破坏了，而是要把它保护得更好。关键是要树立正确的发展思路，因地制宜选择好发展产业"。我们强调不简单以国内生产总值增长率论英雄，不是不要发展了，而是要扭转只要经济增长不顾其他各项事业发展的思路，扭转为了经济增长数字不顾一切、不计后果、最后得不偿失的做法。具体来看，应当是宜农则农，宜工则工，宜商则商。在农业中，宜农则农，宜林则林，宜牧则牧，宜副则副，宜渔则渔。什么都不宜的，就要实行退耕还草、退耕还林、退耕还湖、退耕还水，搞好生态修复。2017 年 12 月，中央经济工作会议强调，只有恢复绿水青山，才能使绿水青山变成金山银山。因此，无论是山川秀美的地方，还是生态脆弱的地方，只要按照这一原则在产业上做出生态创新选择，就都能够将"两山论"统一起来。

实现产业的生态化。产业结构不合理，是生态环境问题产生的重要原因之一。因此，我国必须按照绿色化理念，调整和优化产业结构，大力发展生态农业、生态工业和生态第三产业。在农业上，必须坚持走中国特色现代化农业道路，大力发展高效生态农业。在工业上，要学习德国"工业4.0"经验，利用"互联网+工业化"的方式，走出一条科技含量高、经济效益好、资源消耗低、环境污染少、安全条件有保障、人力资源优势得到发挥的新型工业化道路。在第三产业上，必须大力发展节能环保产业、生态旅游产业。只有将生态农业、生态工业和生态第三产业作为生态文明产业结构的基础和核心，才能将绿水青山转化为金山银山。

总之，在生态文明建设中，我们必须牢固树立"绿水青山就是金山银山"的理念，要看到清新空气、清洁水源、美丽山川、肥沃土地、生物多样性是人类生存必需的生态环境。在坚持以经济建设为中心的同时，必须大力保护森林、草原、河流、湖泊、湿地、海洋等自然生态环境①。

3.4 民生福祉观

生态文明建设同每个人息息相关。环境就是民生，青山就是美丽，蓝天也是幸福。必须坚持以人民为中心，重点解决损害群众健康的突出环境问题，提供更多优质生态产品②。

民之所好好之，民之所恶恶之。发展经济是为了民生，保护生态环境同样也是为了民生。既要创造更多的物质财富和精神财富以满足人民日益增长的美好生活需要，也要提供更多优质生态产品以满足人民日益增长的优美生态环境需要。要坚持生态惠民、生态利民、生态为民，重点解决损害群众健康的突出环境问题，加快改善生态环境质量，提供更多优质生态产品，努力实现社会公平正义，不断满足人民日益增长的优美生态环境需要。

---

① 张云飞.辉煌40年:中国改革开放系列丛书·生态文明建设卷[M].合肥:安徽教育出版社,2018:57-66.

② 中共中央国务院.关于全面加强生态环境保护坚决打好污染防治攻坚战意见[N],人民日报,2018-6-25(1).

生态文明是人民群众共同参与共同建设共同享有的事业，要把建设美丽中国转化为全体人民自觉行动。每个人都是生态环境的保护者、建设者、受益者，没有哪个人是旁观者、局外人、批评家，谁也不能只说不做、置身事外。要增强全民节约意识、环保意识、生态意识，培育生态道德和行为准则，开展全民绿色行动，动员全社会都以实际行动减少能源资源消耗和污染排放，为生态环境保护作出贡献[1]。

良好生态环境是最公平的公共产品，是最普惠的民生福祉。这一理念源自我们党全心全意为人民服务的根本宗旨，源自广大人民群众对改善生态环境质量的热切期盼。环境就是民生，青山就是美丽，蓝天也是幸福，发展经济是为了民生，保护生态环境同样也是为了民生。良好的生态环境意味着清洁的空气、干净的水源、安全的食品、宜居的环境，关系着人民群众最基本的生存权和发展权，具有典型的公共产品属性。我们党代表着广大人民最根本的利益，必须以对人民群众高度负责的态度，把生态环境保护放在更加突出的位置，为人民群众提供更多优质生态产品，让良好生态环境成为人民生活的增长点，让老百姓切实感受到经济发展带来的实实在在的环境效益[2]。

在生态环境议题上，一直存在着人类中心主义和生态中心主义的争论。按照马克思主义的政治立场，从人与自然是生命共同体的哲学前提出发，近平指出，好生态环境是最普惠的民生福祉，须重点解决损害群众健康的突出环境问题，坚持生态惠民、生态利民、生态为民，不断满足人民日益增长的优美生态环境需要。我们要根据我国社会主要矛盾的转化，切实满足人民群众的生态环境需要，大家安全、放心地生产和生活；必须切实保证人民群众的生态环境权益，将大家合理合法的生态利益诉求解决好；必须切实保证人民群众共同享用生态产品，大家走出一条绿色发展、

---

[1] 习近平. 推动我国生态文明建设迈上新台阶[J]. 求是, 2019(3):4-19.

[2] 《求是》编辑部. 在习近平生态文明思想指引下迈入新时代生态文明建设新境界[J]. 求是, 2019(3):20-29.

生态富民的路子。习近平在纪念改革开放 40 周年大会上进一步提出，必须让人民生活在天更蓝、山更绿、水更清的优美环境之中。最终，我们必须协同推进社会主义社会建设和生态文明建设，将人与自然和谐发展作为实现人的全面发展的内在规定和基本追求。可见，这一命题集中彰显了社会主义生态文明建设的价值取向[①]。

为人民谋幸福，是中国共产党矢志不渝的追求目标。新时代的民生问题不仅体现为满足人民群众日益增长的物质文化需求，还体现为满足人民群众日益增长的优美生态环境、优质生态产品的需求。对人的生存来说，金山银山固然重要，但绿水青山是人民幸福生活的重要内容，是金钱不能代替的。你挣到了钱，但空气、饮用水都不合格，哪有什么幸福可言[②]。这一科学论断，深刻揭示了环境问题就是民生问题，生态文明建设要为了人民，依靠人民，成果由人民共享，丰富和发展了民生福祉的话语体系。随着人民群众物质文化生活水平的不断提高，人民群众对生态产品的需求越来越迫切，对生态环境的要求越来越高，既要生存更要生态，既要温饱更要环保，既要小康更要健康，生态环境质量已经成为影响人们生活幸福的重要指标。党的十九大报告指出，中国特色社会主义进入新时代，我国社会主要矛盾已经转化为人民日益增长的美好生活需要和不平衡不充分的发展之间的矛盾。这充分说明在全面建成小康社会的过程中，人民日益增长的美好生活需求日益广泛，不仅体现对物质文化生活提出了更高的要求，也体现对清洁的空气、干净的水源、安全的食品等良好生态环境提出更高要求。以牺牲环境为代价的发展固然会暂时性地推动经济的发展，但是却会引发一系列的民生问题，影响社会的和谐稳定。所以说，抓环境问题就是抓民生问题，改善环境就是改善民生。习近平总书记深刻地指出，"人民群众不是对国内生产总值增长速度不满，而是对生态环境不好有更

---

① 张云飞.习近平生态文明思想话语体系初探[J].探索,2019(4):22-31.

② 中共中央文献研究室.习近平关于社会主义生态文明建设论述摘编[M].北京:中央文献出版社,2017:4

多不满。我们一定要取舍，到底要什么？从老百姓满意不满意、答应不答应出发，生态环境非常重要；从改善民生的着力点看，也是这点最重要"①。因此，必须顺应人民群众的新期待，坚持生态惠民、生态利民、生态为民②。

建设社会主义生态文明，是关系人民福祉的大事。2017 年 10 月 18 日，习近平在党的十九大报告中旗帜鲜明地指出，"我们要建设的现代化是人与自然和谐共生的现代化，既要创造更多物质财富和精神财富以满足人民日益增长的美好生活需要，也要提供更多优质生态产品以满足人民日益增长的优美生态环境需要"。将"满足人民日益增长的优美生态环境需要"作为社会主义生态文明建设的价值取向，坚持了社会主义生态文明建设的人民立场③。

其一，满足人民日益增长的优美生态环境需要的理论基础。马克思主义需要理论，为科学理解"满足人民日益增长的优美生态环境需要"的科学理念奠定了理论基础。人的需要具有自然性和生态性。人是一种感性存在物，有吃喝住穿用行等一系列的客观需要。只有在人的需要得到满足之后，人们才可以从事创造历史和创造文明的活动。但是，人不可能凭借自身的力量来满足自己的需要，必须将其需要诉诸外部世界。人的外部世界只能是自然。人的需要及其满足都高度依赖自然。自然既提供了满足人类需要的对象，又提供了满足人类需要的手段。

生态需要具有专门性和独立性。人的需要具有多样性、全面性、丰富性的特点，是一个复杂系统。从其构成来看，除了物质需要、政治需要、精神需要、交往需要之外，人还具有生态需要。人对清洁空气的需要、人

---

① 中共中央文献研究室. 习近平关于社会主义生态文明建设论述摘编[M]. 北京:中央文献出版社,2017:83.

② 华启和. 习近平新时代中国特色社会主义生态文明建设话语体系图景[J]. 湖南社会科学,2018(6):1-7.

③ 张云飞. 辉煌 40 年:中国改革开放系列丛书·生态文明建设卷[M]. 合肥:安徽教育出版社,2018.

对于净饮水的需要、人对明亮阳光的需要，都是基本的生态需要。马克思主义充分肯定了自然对于人的需要的价值，科学地揭示出，只有围绕满足人的需要尤其是人的生态需要，才能实现人与自然关系的合理化和和谐化。这样，就为社会主义生态文明建设提供了科学的价值支点。

其二，满足人民日益增长的优美生态环境需要的理论内涵。是否将"满足人民日益增长的优美生态环境需要"作为生态文明建设的价值取向，是社会主义生态文明和资本主义生态治理的本质区别。按照马克思主义政治立场，习近平生态文明思想鲜明地将满足人民的生态需要作为我国社会主义生态文明的价值支点，在生态文明问题上坚持和发展了以人民为中心的发展思想。满足人民日益增长的优美生态环境需要的理念，具有丰富而科学的内涵。

在人的需要系统中，生态需要就是人类为了生存和发展的需要而产生的对生态环境和生态产品的需求。一般来讲，生态需要的满足程度，取决于环境质量和生物圈状况。生态需要的本质，就是维系人的内在和谐及其与生存环境之间的和谐，保证人类的持续生存，以实现人类的最大福利。自然环境既包括大气、水、海洋、土地、矿藏、森林、草原、野生生物、自然遗迹等天然的自然生态环境，又包括人类加工过的人文遗迹、风景名胜区、自然保护区、城市和乡村等人工生态环境。因此，人的生态需要既包括对洁净水和空气的需要、对良好的自然的需要、对保证人类持续生存所需的生物多样性和生态平衡的需要等，又包括对社会景观的需要、对优美和宁静的生活与工作场所环境的需要、对一定量的居住与工作及休闲活动空间的需要、对人工生态产品的需要和生态服务需要等。同时，人类自身就是自然界发展的产物，也是生态系统的一个有机组成部分，因此，广义的人的生态需要，还应该包括人际关系本身以及维系并决定人们之间相互关系的文化和价值等方面的内容。

生态需要是最基本的民生需要。生态需要直接关系到人民福祉，是衡量人民福利的基本指标之一。随着我国社会主义建设取得巨大成就，人民日益增长的美好生活需要和不平衡不充分的发展之间的矛盾，已经成为我国社会的主要矛盾。人民美好生活需要日益广泛，不但对物质文化生活提出了更高要求，而且在民主、法治、公平、正义、安全、环境等方面的要求日益增长。针对这种情况，习近平指出，人民群众对清新空气、清澈水质、清洁环境等生态产品的需求越来越迫切，生态环境越来越珍贵。我们必须顺应人民群众对良好生态环境的期待，推动形成绿色低碳循环发展的新方式，并从中创造新的增长点。生态环境问题是利国利民利子孙后代的一项重要工作，决不能说起来重要、喊起来响亮、做起来挂空挡。早在2013年4月，习近平在海南考察时就指出，"良好生态环境是最公平的公共产品，是最普惠的民生福祉"。公共产品是指涉及全体国民或大多数国民切身利益的基础设施、公共服务体系，能够满足社会成员共同需求的产品和服务。公共产品具有效用的不可分割性、受益的非排他性和消费的非竞争性特点。良好的生态环境为人类提供的清新的空气、清洁的水源、安全的食品、丰富的物产、优美的景观等生态服务和产品，具有典型的公共产品属性，是人民生活的必需品。自然物品等生态产品是地球提供给全人类的公共物品，人民作为良好生态环境的直接受益者和享用者，可以平等消费、共同享用生态环境所提供的产品和服务。"良好生态环境是最普惠的民生福祉"表明，人民的生态需要也是最基本的民生需求，良好生态环境是提高人民生活水平、改善人民生活质量、提升人民安全感和幸福感的基础和保障，是重要的民生福祉。

总之，生态产品是最公平的公共产品，生态需要是最基本的民生需要。因此，我国在大力发展经济满足人民日益增长的物质文化需要的同时，必须加快推进社会主义生态文明建设，不断满足人民日益增长的优美生态环境需要。

其三，满足人民日益增长的优美生态环境需要的实践指向。当前，我们必须围绕不断满足人民日益增长的优美生态环境需要这一价值原则，加快推进社会主义生态文明建设。

科学确定社会主义生产的生态目的。社会主义生产的目的是为了满足人民日益增长的物质文化需要。在突出满足人民的物质文化需要的同时，我国必须将满足人民的美好生活需要作为社会主义生产的目的，围绕满足人民日益增长的美好生活需要促进社会主义生产的全面发展、协调发展、可持续发展。这样才能进一步彰显社会主义的优越性。在这一前提下，我国也必须将满足人民的生态需要作为社会主义生产的目的之一，围绕满足人民的生态需要组织社会主义生产，实现社会主义生产的绿色化，建立可持续的社会主义生产体系和国民经济体系。2016年1月18日，习近平提出，"从政治经济学的角度看，供给侧结构性改革的根本，是使我国供给能力更好满足广大人民日益增长、不断升级和个性化的物质文化和生态环境需要，从而实现社会主义生产目的"。在这个过程中，我国要将绿色发展和共享发展统一起来，既要动员人民共同参与社会主义生态文明建设，又要保证人民共享社会主义生态文明建设成果。将满足人民日益增长的优美生态环境需要确定为社会主义生产的目的，不但可以有效促进社会主义经济的可持续发展，而且可以为社会主义生态文明建设提供可持续的物质基础。同时，这有利于在社会主义生态文明建设中坚持以人民为中心的发展思想，从而充分体现社会主义的优越性。

大力保障人民的生态环境权益。生态环境权益是人民应该享有和一切自然生态环境产品的不容侵犯的权利，是一种重要的社会权利。大力满足人民的生态需要，迫切需要切实保障人民的生态环境权益，将人民参与社会主义生态文明建设的义务和维护人民的生态环境权益有机地统一起来。如果只强调义务而没有突出权益，就难以调动人民参与社会主义生态文明建设的能动性、积极性和创造性。如果只强调权益而没有突出义务，社会主义生态文明建设就会成为无人问津的事情，最后会坐吃山空。在社会主义生态文明建设中，我们既要大力维护国家的生态环境权益以捍卫国家的主权和尊严，又要切实保障人民的生态环境权益以维护人民的权利和尊严。良好生态环境是最为公平的公共产品，人人都具有平等的享用良好生态环境的权益。近年来，中央文件中已经多次出现"环境权益"等概念和要求。因此，习近平强调，"各级领导干部对保护生态环境务必坚定信念，坚决摒弃损害甚至破坏生态环境的发展模式和做法，决不能再以牺牲生态环境为代价换取一时一地的经济增长。要坚定推进绿色发展，推动自然资本大量增值，让良好生态环境成为人民生活的增长点、成为展现我国良好形象的发力点，让老百姓呼吸上新鲜的空气、喝上干净的水、吃上放心的食物、生活在宜居的环境中、切实感受到经济发展带来的实实在在的环境效益，让中华大地天更蓝、山更绿、水更清、环境更优美，走向生态文明新时代"。目前，我国亟须以立法的形式，保障广大人民享受生态公共产品的权益，依法对危害人民合法生态需求权益的行为进行制裁。同时，我国要建立和完善科学的政绩评价体系，切实推动各级政府为人民提供优质高效的公共生态产品和生态服务。

总之，按照满足人民日益增长的优美生态环境需要组织社会主义生产，切实保障人民的生态环境权益，是社会主义本质在社会主义生态文明建设中的具体体现[1]。

3.5 整体系统观

生态环境是统一的有机整体。必须按照系统工程的思路，构建生态环境治理体系，着力扩大环境容量和生态空间，全方位、全地域、全过程开展生态环境保护[2]。

生态是统一的自然系统，是相互依存、紧密联系的有机链条。人的命脉在田，田的命脉在水，水的命脉在山，山的命脉在土，土的命脉在林和草，这个生命共同体是人类生存发展的物质基础。一定要算大账、算长远

---

① 张云飞.辉煌 40 年：中国改革开放系列丛书·生态文明建设卷[M].合肥：安徽教育出版社,2018:66-72.

② 中共中央国务院.关于全面加强生态环境保护坚决打好污染防治攻坚战意见[N],人民日报,2018-6-25(1).

账、算整体账、算综合账，如果因小失大、顾此失彼，最终必然对生态环境造成系统性、长期性破坏。

要从系统工程和全局角度寻求新的治理之道，不能再是头痛医头、脚痛医脚，各管一摊、相互掣肘，而必须统筹兼顾、整体施策、多措并举，全方位、全地域、全过程开展生态文明建设。比如，治理好水污染、保护好水环境，就需要全面统筹左右岸、上下游、陆上水上、地表地下、河流海洋、水生态水资源、污染防治与生态保护，达到系统治理的最佳效果。要深入实施山水林田湖草一体化生态保护和修复，开展大规模国土绿化行动，加快水土流失和荒漠化石漠化综合治理。推动长江经济带发展，要共抓大保护，不搞大开发，坚持生态优先、绿色发展，涉及长江的一切经济活动都要以不破坏生态环境为前提①。

坚持山水林田湖草是一个生命共同体的思想，深化了对生态系统保护和修复规律的认识。习近平总书记用"命脉"把人与山水林田湖草连在一起，生动形象地阐述了人与自然之间唇齿相依、唇亡齿寒的一体性关系："人的命脉在田，田的命脉在水，水的命脉在山，山的命脉在土，土的命脉在林和草，这个生命共同体是人类生存发展的物质基础。"生态是统一的自然系统，是各种自然要素相互依存实现循环的自然链条。要从系统工程角度寻求治理修复之道，不能头痛医头、脚痛医脚，必须按照生态系统的整体性、系统性及其内在规律，整体施策、多策并举，统筹考虑自然生态各要素、山上山下、地表地下、陆地海洋以及流域上下游、左右岸，进行整体保护、宏观管控、综合治理，增强生态系统循环能力，维持生态平衡、维护生态功能，达到系统治理的最佳效果②。

长期以来，生态治理在一定程度上存在着头痛医头、脚痛医脚的问题。这是生态治理难以奏效的重要原因。党的十八大以来，习近平反复强调，环境治理是个系统工程，水林田湖草是一个生命共同体。党的十九大

① 习近平.推动我国生态文明建设迈上新台阶[J].求是,2019(3)
② 《求是》编辑部.在习近平生态文明思想指引下迈入新时代生态文明建设新境界[J].求是,2019(3):20-29.

进一步提出，必须"统筹山水林田湖草系统治理"[①]。显然，生命共同体是一个科学的生态系统概念。遵循这一理念，按照社会系统工程的方法，必须统筹兼顾、整体施策、多措并举，全方位、全地域、全过程开展生态文明建设。为此，我们必须"树立空间均衡的理念"[②]，按照人口、经济、资源环境的结合点和平衡点推动发展，将人口规模、产业结构、增长速度保持在自然界的承载能力、涵容能力、自净能力之内。在将自然界看作是一个有机系统的同时，我们必须看到地球存在着生态阈值。这是自然界客观存在的事实。可见，这一命题为社会主义生态文明建设提供了科学方法论上的依据和基础[③]。

唯物辩证法认为，在处理人与自然关系的时候，要把自然界看成为一个有机整体，只有这样才能正确地处理好人与自然的关系。习近平总书记从生态文明建设的宏阔视野，提出"山水林田湖草是一个生命共同体"的科学论断，强调"人的命脉在田，田的命脉在水，水的命脉在山，山的命脉在土，土的命脉在树。"[④]这一科学论断，深刻揭示了山、水、林、田、湖、草与人类的生存息息相关，它们都是自然生态系统中不可或缺的重要组成部分，是相互依存的大系统，是一个生命共同体，这是对人与自然关系传统认识的超越，也丰富和发展了绿色治理的话语体系。"生命共同体"的论断，既肯定了自然的内在价值，山水林田湖草等自然资源是一个生命体；又指出了自然界是人类赖以生存与发展的重要基础，人与自然是一个生命共同体。习近平总书记用"命脉"来形容人与山水林田湖草之间的关系，生动形象地阐述了人对自然的依赖，揭示了山水林田湖草之间的合理配置和统筹优化对人类健康生存与永续发展的意义。因此，在利用自然、

① 习近平.决胜全面建成小康社会 夺取新时代中国特色社会主义伟大胜利:在中国共产党第十九次全国代表大会上的报告[N].人民日报,2017-10-28(1).

② 中共中央国务院印发《生态文明体制改革总体方案》[N].人民日报,2015-9-22(1).

③ 张云飞.习近平生态文明思想话语体系初探[J].探索,2019(4):22-31.

④ 中共中央文献研究室.习近平谈治国理政[M].北京:外文出版社,2015:85.

开发自然的过程中，要抛弃西方主客二分的思维方式，不能把自然看作为人类征服的对象，要考虑自然的生命价值和生态价值，尊重自然、保护自然、顺应自然。"要把生态环境保护放在更加突出位置，像保护眼睛一样保护生态环境，像对待生命一样对待生态环境。"①善待自然，自然也会善待我们；伤害自然，自然也会伤害我们。既然"山水林田湖草是一个生命共同体"，所以，必须统筹治理山水林田湖草。"如果种树的只管种树、治水的只管治水、护田的单纯护田，很容易顾此失彼，最终造成生态的系统性破坏。由一个部门负责领土范围内所有国土空间用途管制职责，对山水林田湖进行统一保护、统一修复是十分必要的。"②习近平总书记多次强调，"在生态环境保护上，一定要树立大局观、长远观、整体观，不能因小失大、顾此失彼、寅吃卯粮、急功近利"③。这充分说明，生态治理是一个整体性和系统性工程，要打破"自家一亩三分地"的思维定式，按照整体性和系统性的思维来抓生态文明建设。所以，在对待人与自然的矛盾时，不能采取头痛医头、脚痛医脚的局部治理，而要按照生态系统的整体性、系统性以及内在规律，将局部的环境问题与"生命共同体"内的其他部分统筹考虑，实现生态服务功能最大化，促进自然资源的永续利用④。

在处理人与自然的关系时，唯物辩证法要求把自然界、自然运动、自然运动的规律、人与自然的关系看作是一个复杂的有机整体。2017 年 10 月 18 日，党的十九大报告提出要"统筹山水林田湖草系统治理"。这一理念为我国社会主义生态文明建设提供了科学的方法论基础，要求我国将社

---

① 中共中央文献研究室．习近平谈治国理政(第 2 卷)[M]．北京：外文出版社，2017：207．

② 中共中央文献研究室．习近平谈治国理政(第 2 卷)[M]．北京：外文出版社，2017：85-86．

③ 中共中央文献研究室．习近平谈治国理政(第 2 卷)[M]．北京：外文出版社，2017：209．

④ 华启和．习近平新时代中国特色社会主义生态文明建设话语体系图景[J]．湖南社会科学，2018(6)：1-7．

会主义生态文明建设作为一项复杂的社会系统工程①。

其一，统筹山水林田湖草系统治理的理论依据。在科学实践观的基础上，通过批判形而上学的自然观和方法论，马克思主义提出了系统自然观和系统方法论，为正确处理系统和要素、整体和部分之间的关系奠定了理论基础，也为正确把握人与自然之间的关系，统筹山水林田湖草系统治理，按照系统治理的方式推进社会主义生态文明建设，提供了科学的方法论指导。

系统自然观是马克思主义自然观的重要维度。马克思和恩格斯创立了辩证唯物主义自然观，科学地揭示出自然界及其运动规律的系统性。在马克思主义看来，"我们所接触到的整个自然界构成一个体系，即各种物体相联系的总体，而我们在这里所理解的物体，是指所有的物质存在"。这里的体系（System），即系统。自然界是一个具有自组织功能的过程集合体。在自然演化的过程中，以人类实践为基础和中介产生了人，以人的活动为基础形成了社会运动。在社会运动中，需要与自然界不断地进行物料、能量和信息的变换。劳动是人与自然之间的物质变换过程。因此，社会与自然构成了一个复杂巨系统，即"社会—自然"系统。可见，马克思主义自然观存在着系统维度，是一种系统自然观。这种自然观要求人们从整体上把握自然、自然运动及其规律、人与自然的关系，因此又是一种生态自然观。

系统方法论是马克思主义方法论的重要要求。辩证法和形而上学是哲学发展观的两种基本的形态，是两种根本对立的思维方式。在唯物主义的基础上，马克思主义创立了唯物辩证法。今天，系统科学的发展进一步证明了辩证思维的科学性和有效性。2015年1月23日，在主持以辩证唯物主义为主题的十八届中共中央政治局第二十次集体学习时，习近平强调指出，必须坚持发展地而不是静止地、全面地而不是片面地、系统地而不是

---

① 张云飞.辉煌40年：中国改革开放系列丛书·生态文明建设卷[M].合肥:安徽教育出版社,2018.

零散地、普遍联系地而不是单一孤立地观察事物。这是对唯物辩证法特征和要求的新概括，丰富和发展了唯物辩证法。事实上，那种只见树木不见森林的形而上学是生态危机和生态困境产生的思维原因。因此，唯物辩证法提醒人们，我们连同我们的肉、血和头脑都是属于自然界和存在于自然界孤立的之中的；我们对自然界的整个支配作用，就在于我们比其他一切生物强，能够认识和正确运用自然规律。这样，就突出了系统工程在生态文明建设中的重要作用。

总之，自然界是一个由各种物质运动形式构成的有机整体，系统方法论是唯物辩证法的重要要求，我们必须将社会主义生态文明看作是个系统工程，将马克思主义系统自然观和系统方法论运用在社会主义生态文明建设中。

其二，统筹山水林田湖草系统治理的理论内涵。在习近平生态文明思想中，"山水林田湖草是一个生命共同体"理念就是要求将社会主义生态文明建设作为一项系统工程，统筹兼顾生态文明建设中的各种要素和各种关系。

重视生态系统的整体性。1958年，按照唯物主义的思想，英国生态学家坦斯莱提出了"生态系统"的概念。生态系统指的是生物有机体和其环境构成的系统。在世界系统中，山水林田湖草是一个生命共同体，也就是说，山水林田湖草是一个生态系统。在这个生态系统中，山、水、森林、土地、湖泊、草等多种自然资源互为依托、互为基础，不能独立存在，更不能实施分割式管理。人的命脉在田，田的命脉在水，水的命脉在山，山的命脉在土，土的命脉在树，树的命脉在草。因此，用途管制和生态修复必须遵循自然规律，如果种草的只管种草、植树的只管植树、治水的只管治水、护田的只管护田、封山的只管封山，就很容易顾此失彼，最终造成生态的系统性破坏。推而广之，人与自然之间的关系也是基于物料、能量、信息等方面的物质变换构成的生态系统形成的。因此，我国必须要按照自然生态的系统性及其内在规律，重视自然生态系统的整体性和系统性，站在全国生态系统的全局做好生态文明建设的整体设计和顶层设计。

在这个过程中，我国要以维护和提升区域生态系统服务功能为核心，统筹管理自然资源与环境、污染治理与生态保护以及山水林田湖草等生物要素管理等，力求保护生态系统的原真性、完整性和生态服务功能，这样才能协调好生态环境保护与经济发展、资源利用的关系。总之，管理生态系统须从全局视角出发，根据相关生态要素的功能及其联系和空间影响范围，制定系统性解决方案。生态环境管理和生态保护修复工程必须实施多要素综合统筹治理。

重视生态因子的特殊性。在生态系统中，各种生态因子在共同发挥作用的同时，每个因子都具有自己的特殊性，都有自己的特殊位置，都有自己的特殊贡献。只有充分考虑到这些特殊性，才能有的放矢地做好生态文明建设工作。因此，在生态文明建设中，我国要做好部分和局部的自然生态环境保护工作，围绕我国生态系统保护和治理的重点和难点问题，既要把握重点又要照顾一般，统筹考虑自然生态各要素以及山水林田湖草，进行系统保护和修复，增强生态系统循环能力，维护生态平衡。在统筹治理的前提下，必须坚持具体问题具体分析的原则，要照顾到各生态要素治理的特殊性。这样就要求生态系统保护修复必须要多维度、多尺度、多层次地有序推进。根据生态修复的不同对象、不同受损程度和不同阶段，必须在一定尺度空间内将各要素修复工程串联成一个相互独立、彼此联系、互为依托的整体，在对物种进行保护和恢复的基础上，对生态系统结构进行重建或修复，结合社会、经济、环境等因素，从大气、水、土壤、生物等维度出发，促进生态系统服务功能的逐步恢复，实现点、线、面修复的叠加效应，实现多维度、立体式推进。例如，为了有针对性地推进环境治理，针对空气污染、土壤污染、水体污染的不同情况，我国先后发布了"气十条""土十条""水十条"。但是，空气污染治理、土壤污染治理、水体污染治理必须协同推进。此外，还必须坚持因地制宜的原则，根据各地自然生态环境的特殊性，采取有的放矢的措施。例如，在谈到垃圾分类制度时，习近平指出，"普遍推行垃圾分类制度，关系13亿多人生活环境改善，关系垃圾能不能减量化、资源化、无害化处理"。强调要加快建立分类投放、分类收集、分类运输、分类处理的垃圾处理系统，形成以法治为基础、政府推动、全民参与、城乡统筹、因地制宜的垃圾分类制度，努力提高垃圾分类制度覆盖范围。总之，山水林田湖草生态保护修复就是按照系统方法论实施的一项重大工程。

总之，习近平提出的"山水林田湖草是一个生命共同体"理念，体现了自然是统一的生态系统的科学理念，是包括人在内的各种要素相互依存而实现循环的完整的自然链条，科学阐述了人与自然之间以及各自然要素之间的和谐共生关系，深刻揭示了统筹山水林田湖草系统治理对人类生存与发展的重大意义，为我们在社会生产生活中进一步树立尊重自然、关爱生命的生态意识，推进生态文明建设提供了方法论指导。

其三，统筹山水林田湖草系统治理的实践指向。牢固树立"山水林田湖草是一个生命共同体"理念，关键是要按照系统治理的方式推进社会主义生态文明建设。

以系统工程思路抓生态建设。在当代中国，建设资源节约型、环境友好型社会是生态文明建设的基础工程和主要任务。无论哪一个方面，都必须按照系统工程的思路加以推进。早在2006年2月7日，习近平就指出，"建设节约型社会是一项复杂的系统工程，涉及很多工作和很多方面"，"因此，我们建设节约型社会，既要从点滴抓起，从身边做起，发挥节约的累积效应和长期效应，但也不能'只见树木，不见森林'，还要注重从整体入手，从宏观入手，牢牢抓住结构调整和增长方式转变这个建设节约型社会的根本"。在这个过程中，我国还必须形成节约型的空间结构、产业结构、城乡建设模式、思维方式、价值观念。只有宏观和微观两个层面都管住，建设节约型社会才能取得扎扎实实的成效。这些论述对于建设资源节约型社会具有重要的指导意义。在建设环境友好型社会方面，同样如此。2014年2月27日，习近平在视察北京市时指出，"像北京这样的特大城市，环境治理是一个系统工程，必须作为重大民生实事紧紧抓在手上。

大气污染防治是北京发展面临的一个最突出的问题。要坚持标本兼治和专项治理并重、常态治理和应急减排协调、本地治污和区域协调相互促进，多策并举，多地联动，全社会共同行动"。为此，要从压减燃煤、严格控车、调整产业、强化管理、联防联控、依法治理等方面采取重大举措，聚焦重点领域，严格指标考核，加强环境执法监管，认真进行责任追究。此外，优化国土空间开发格局，同样是一个系统工程。在总体上，人口、资源、能源、环境、生态、防灾减灾救灾是影响可持续发展的主要因子，只有按照系统工程的方式建立起人口均衡型社会、资源节约型社会、能源低碳型社会、环境友好型社会、生态安全型社会、灾害防减型社会，我国才能夯实生态文明建设的基础。

以系统工程思路抓生态治理。生态治理既是生态文明建设的题中之义，又是生态文明建设的体制保障。生态治理是国家治理的表现和表征。国家治理的对象是整个社会系统，是由各种要素构成的社会有机体。从其构成来看，由人口、资源、能源、环境、生态等要素构成的自然物质条件是社会存在的基本组成部分，形成了社会的支撑性结构和领域。而物质生活（经济建设）、政治生活（政治建设）、精神生活（文化建设）、社会生活（社会建设）等要素构成了社会主导性的结构和领域。上述五者因相互联系的不可分割性，构成了社会系统。因此，国家治理必须按照系统工程方式进行，必须统筹经济建设、政治建设、文化建设、社会主义生态文明建设。同样，生态文明制度建设和体制改革不能就事论事，而必须与其他方面的改革协调起来。因此，党的十八大在将生态文明建设纳入中国特色社会主义总体布局的同时，要求将生态文明理念融入其他建设的各环节和全过程。据此，习近平强调，一方面，必须坚持以人民为中心的发展思想，全面推进经济建设、政治建设、文化建设、社会主义生态文明建设和党的建设，努力形成人与自然和谐发展的现代化新格局，建设美丽中国；另一方面，"经济、政治、文化、社会、生态文明各领域改革和党的建设改革紧密联系、相互交融，任何一个领域的改革都会牵动其他领域，同时也需要其他领域改革密切配合"。这就是说，全面深化改革必须加强顶层设计和整体谋划，加强各项改革的关联性、系统性、可行性研究，将之作为一项系统工程加以推进。为此，必须加强统筹考虑、全面论证、科学决策。如果各领域改革不配套，各方面改革措施不匹配，全面深化改革就很难推进下去，即使勉强推进，效果也不理想。显然，只有按照系统工程的方式推进生态治理，才能保证生态治理取得整体性的突破。从生态治理的主体来看，在坚持党的领导的前提下，必须在政府、企业和公众之间形成强大的社会合力，群策群力，和衷共济。

可见，习近平关于"统筹山水林田湖草系统治理"的科学理念，为生态环境的系统建设和生态环境的系统治理提供了科学的自然观和科学的方法论基础[①]。

3.6 严密法治观

保护生态环境必须依靠制度、依靠法治。必须构建产权清晰、多元参与、激励约束并重、系统完整的生态文明制度体系，让制度成为刚性约束和不可触碰的高压线[②]。

保护生态环境必须依靠制度、依靠法治。我国生态环境保护中存在的突出问题大多同体制不健全、制度不严格、法治不严密、执行不到位、惩处不得力有关。要加快制度创新，增加制度供给，完善制度配套，强化制度执行，让制度成为刚性的约束和不可触碰的高压线。要严格用制度管权治吏、护蓝增绿，有权必有责、有责必担当、失责必追究，保证党中央关于生态文明建设决策部署落地生根见效。

① 张云飞.辉煌40年：中国改革开放系列丛书·生态文明建设卷[M].合肥:安徽教育出版社,2018:72-79.

② 中共中央国务院.关于全面加强生态环境保护坚决打好污染防治攻坚战意见[N],人民日报,2018-6-25(1).

奉法者强则国强，奉法者弱则国弱。令在必信，法在必行。制度的生命力在于执行，关键在真抓，靠的是严管。我们已出台一系列改革举措和相关制度，要像抓中央环境保护督察一样抓好落实。制度的刚性和权威必须牢固树立起来，不得做选择、搞变通、打折扣。要落实领导干部生态文明建设责任制，严格考核问责。对那些不顾生态环境，盲目决策、造成严重后果的人，必须追究其责任，而且应该终身追责。对破坏生态环境的行为不能手软，不能下不为例。要下大气力抓住破坏生态环境的反面典型，释放出严加惩处的强烈信号。对任何地方、任何时候、任何人，凡是需要追责的，必须一追到底，决不能让制度规定成为"没有牙齿的老虎"①。

建设生态文明，是一场涉及生产方式、生活方式、思维方式和价值观念的革命性变革。习近平总书记指出，"只有实行最严格的制度、最严密的法治，才能为生态文明建设提供可靠保障"。在生态环境保护问题上，就是要不能越雷池一步，否则就应该受到惩罚。这为我们划出了一条清晰的、明确的、不可逾越的底线。对于破坏生态环境的行为，不能手软，不能下不为例。当前，我国生态环境保护中存在的突出问题大多同体制不健全、制度不严格、法治不严密、执行不到位、惩处不得力有关。因此，要加快制度创新，建立起产权清晰、多元参与、激励约束并重、系统完整的生态文明制度体系，着力破解制约生态文明建设的体制机制障碍。强化制度执行，让制度成为刚性约束和不可触碰的高压线②。

生态环境问题是重大的社会政治问题，制度问题和法治问题更带有根本性、全局性、稳定性和长期性，因此，生态文明建设尤其是生态环境治理需要制定最严格制度和最严密法治。"只有实行最严格的制度、最

① 习近平.推动我国生态文明建设迈上新台阶[J].求是,2019(3):4-19.
②《求是》编辑部.在习近平生态文明思想指引下迈入新时代生态文明建设新境界[J].求是,2019(3):20-29.

严密的法治，才能为生态文明建设提供可靠保障。"①这就要求我们必须建立和完善最严格的生态文明制度体系、最严密的生态文明法律体系，用制度和法律来保护生态环境，为生态环境保护提供更有约束力和更具刚性的制度保障，确保资源阈值、环境底线、生态红线不被突破，确保维护生态系统安全和降低环境污染水平，切实推进生态文明领域国家治理体系和治理能力的现代化。可见，这一基本命题集中表达着社会主义生态文明建设的治理机制和治理保障②。

制度建设是生态文明建设中的短板，只有把制度建设作为重中之重，着力破除制约生态文明建设的体制机制障碍，才能走向生态文明新时代。习近平总书记提出以制度和法治促进生态文明建设，强调生态文明建设的法治化，丰富了生态文明建设的制度话语体系。"实行最严格的制度"，就是要建立健全生态文明制度体系，构建生态文明制度建设的"四梁八柱"，做到"有法可依"。党的十八大以来，生态文明制度体系加快形成，出台了一系列重要法规制度。被称为"史上最严"的新环保法实施，大气、水和土壤的污染防治行动计划出台，"两高"司法解释降低环境入罪门槛、省以下环保机构垂直管理制度改革开始试点……"最严格的制度"正在成为保护生态环境的最有力武器。特别是党的十九大以后，把生态文明建设先后写入党章和宪法，使得生态文明建设既成了全党的政治追求、政治任务和政治纪律，又使得生态文明建设成为国家的意志，体现了生态文明建设是党的意志和国家的意志的统一。在生态文明制度建设过程中，最重要的是要完善经济社会发展考核评价体系。"要把资源消耗、环境损害、生态效益等体现生态文明建设状况的指标纳入经济社会发展评价体系，建立体现生态文明要求的目标体系、考核办法、奖惩机制，使之成为推进生态

---

① 中共中央文献研究室. 习近平关于社会主义生态文明建设论述摘编[M]. 北京:中央文献出版社,2017:99.

② 张云飞. 习近平生态文明思想话语体系初探[J]. 探索,2019(4):22-31.

文明建设的重要导向和约束。"①实践证明,生态环境保护能否落到实处,关键在领导干部。一些重大生态环境事件的背后,都存在领导干部不作为、乱作为的现象。因此,要树立正确的政绩观,改变过去简单以 GDP 论英雄的做法,要强化绿色 GDP 考核,不要黑色 GDP。习近平总书记就旗帜鲜明地讲道:"要给你们去掉紧箍咒,生产总值即便滑到第七、第八位了,但在绿色发展方面搞上去,在治理大气污染、解决雾霾方面作出贡献了,那就可以挂红花、当英雄。反过来,如果就是简单为了生产总值,但生态环境问题越演越烈,或者说面貌依旧,即便搞上去了,那也是另一种评价了。"②法律是红线、底线,任何人、任何组织不能触碰、不得突破。"对造成生态环境损害负有责任的领导干部,不论是否已调离、提拔或者退休,都必须严肃追责。一旦发现需要追责的情形,必须追责到底,决不能让制度成为没有牙齿的老虎。"③ 2017 年 7 月 20 日,中共中央办公厅、国务院办公厅就甘肃祁连山国家级自然保护区生态环境问题发出通报,这场"最严环保问责风暴",是中国环保事业"长出牙齿"的典型样本。"实行最严格的法治",就是要把现有的制度落到实处,决不能越雷池半步,否则就要受到惩罚。"对破坏生态环境的行为,不能手软,不能下不为例。"④同时,要加大环境督查工作,严肃查处违纪违法行为,着力解决生态环境方面突出问题,让人民群众享受更多的优质生态产品、更优美的生态环境⑤。

---

① 中共中央文献研究室.习近平关于全面深化改革论述摘编[M].北京:中央文献出版社,2014:104.

② 中共中央文献研究室.习近平关于全面深化改革论述摘编[M].北京:中央文献出版社,2014:107.

③ 中共中央文献研究室.习近平关于社会主义生态文明建设论述摘编[M].北京:中央文献出版社,2017:111.

④ 习近平.习近平在参加十二届全国人大三次会议江西代表团审议时的讲话[N].人民日报,2015—3—7(1).

⑤ 华启和.习近平新时代中国特色社会主义生态文明建设话语体系图景[J].湖南社会科学,2018(6):4-7.

3.7 全民行动观

美丽中国是人民群众共同参与共同建设共同享有的事业。必须加强生态文明宣传教育，牢固树立生态文明价值观念和行为准则，把建设美丽中国化为全民自觉行动①。

社会主义生态文明建设是人民群众共同所有、共同建设、共同治理、共同享有的伟大事业，是造福全体人民的最普惠的民生工程。参与社会主义生态文明建设是全体人民的共同权利和共同义务，人人有责。因此，我们必须"坚持建设美丽中国全民行动"②。我们必须在党的领导下，大力加强生态文明宣传教育，引导大家牢固树立和大力践行社会主义生态文明观，把建设美丽中国化为人民自觉行动。我们要广泛动员社会各方力量，群策群力，群防群治，打一场生态文明建设的人民战争。我们要根据社会主义市场经济条件下社会系统领域的分化和分工的具体情况，大力构建党委领导、政府领导、企业主导、社会协同、公众参与、法治保障的社会主义生态文明治理的格局。可见，这一命题集中表达着社会主义生态文明建设的社会动员机制③。

推动公众依法有序参与环境保护，是党和国家的明确要求，也是加快转变经济社会发展方式和全面深化改革步伐的客观需求。党的十八大报告明确指出，"保障人民知情权、参与权、表达权、监督权，是权力正确运行的重要保证"。新修订的《环境保护法》在总则中明确规定了"公众参与"原则，并对"信息公开和公众参与"进行专章规定。中共中央、国务

---

① 中共中央国务院关于全面加强生态环境保护坚决打好污染防治攻坚战的意见[N],人民日报,2018-6-25(1).

② 中共中央国务院关于全面加强生态环境保护坚决打好污染防治攻坚战的意见[N],人民日报,2018-6-25(1).

③ 张云飞.习近平生态文明思想话语体系初探[J].探索,2019(4):22-31.

院《关于加快推进生态文明建设的意见》中提出要"鼓励公众积极参与。完善公众参与制度，及时准确披露各类环境信息，扩大公开范围，保障公众知情权，维护公众环境权益。"为贯彻落实党和国家对环境保护公众参与的具体要求，满足公众对良好生态环境的期待和参与环境保护事务的热情，原环境保护部于2015年7月发布了《环境保护公众参与办法》（以下简称《办法》），作为新修订的《环境保护法》的重要配套细则。希望通过《办法》的出台，切实保障公民、法人和其他组织获取环境信息、参与和监督环境保护的权利，畅通参与渠道，规范引导公众依法、有序、理性参与，促进环境保护公众参与更加健康地发展。《办法》是自新修订的《环境保护法》实施以来，首个对环境保护公众参与做出专门规定的部门规章，于2015年9月1日起正式施行。《办法》从顶层设计上统筹规划，全面指导和推进全国环境保护公众参与工作，对缓解当前环境保护工作面临的复杂形势、构建新型的公众参与环境治理模式、维护社会稳定、建设美丽中国具有积极意义[①]。

习近平指出，与全面建成小康社会奋斗目标相比，与人民群众对美好生态环境的期盼相比，生态欠债依然很大，环境问题依然严峻，缺林少绿依然是一个迫切需要解决的重大现实问题。我们必须强化绿色意识，加强生态恢复、生态保护。习近平强调，绿化祖国，改善生态，人人有责。要积极调整产业结构，从见缝插绿、建设每一块绿地做起，从爱惜每一滴水、节约每一粒粮食做起，身体力行推动资源节约型、环境友好型社会建设，推动人与自然和谐发展[②]。

习近平同志在多个重要场合指出"强化公民环境意识，把建设美丽中国化为人民自觉行动"。（以下讲话内容摘自《习近平关于社会主义生态文

---

① 环境部宣教司解读《环境保护公众参与办法》[EB/OL], https://huanbao.bjx.com.cn/news/2015722/644504.Shtml, 2015-7-22.

② 习近平. 把建设美丽中国化为人民自觉行动[J]. 紫光阁, 2015(5):7.

明建设论述摘编》）①

　　要加强宣传教育、创新活动形式，引导广大人民群众积极参加义务植树，不断提高义务植树尽责率，依法严格保护森林，增强义务植树效果，把义务植树深入持久开展下去，为全面建成小康社会、实现中华民族伟大复兴的中国梦不断创造更好的生态条件。——在参加首都义务植树活动时的讲话（2013 年 4 月 2 日），《人民日报》2013 年 4 月 3 日

　　森林是陆地生态系统的主体和重要资源，是人类生存发展的重要生态保障。不可想象，没有森林，地球和人类会是什么样子。全社会都要按照党的十八大提出的建设美丽中国的要求，切实增强生态意识，切实加强生态环境保护，把我国建设成为生态环境良好的国家。——在参加首都义务植树活动时的讲话（2013 年 4 月 2 日），《人民日报》2013 年 4 月 3 日

　　全国各族人民要一代人接着一代人干下去，坚定不移爱绿植绿护绿，把我国森林资源培育好、保护好、发展好，努力建设美丽中国。——在参加首都义务植树活动时的讲话（2014 年 4 月 4 日），《人民日报》2014 年 4 月 5 日

　　林业建设是事关经济社会可持续发展的根本性问题。每一个公民都要自觉履行法定植树义务，各级领导干部更要身体力行，充分发挥全民绿化的制度优势，因地制宜，科学种植，加大人工造林力度，扩大森林面积，提高森林质量，增强生态功能，保护好每一寸绿色。——在参加首都义务植树活动时的讲话（2014 年 4 月 4 日），《人民日报》2014 年 4 月 5 日

　　植树造林是实现天蓝、地绿、水净的重要途径，是最普惠的民生工程。要坚持全国动员、全民动手植树造林，努力把建设美丽中国化为人民自觉行动。——在参加首都义务植树活动时的讲话（2015 年 4 月 3 日），《人民日报》2015 年 4 月 4 日

　　"十三五"时期既是全面建成小康社会的决胜阶段，也是生态文明建

---

　　① 中共中央文献研究室．习近平关于社会主义生态文明建设论述摘编[M]．北京：中央文献出版社，2017：115-123.

设的重要时期。发展林业是全面建成小康社会的重要内容，是生态文明建设的重要举措。各级领导干部要带头参加义务植树，身体力行在全社会宣传新发展理念，发扬前人栽树、后人乘凉精神，多种树、种好树、管好树，让大地山川绿起来，让人民群众生活环境美起来。——在参加首都义务植树活动时的讲话（2016年4月5日），《人民日报》2016年4月6日

植树造林，种下的既是绿色树苗，也是祖国的美好未来。要组织全社会特别是广大青少年通过参加植树活动，亲近自然、了解自然、保护自然，培养热爱自然、珍爱生命的生态意识，学习体验绿色发展理念，造林绿化是功在当代、利在千秋的事业，要一年接着一年干，一代接着一代干，撸起袖子加油干。——在参加首都义务植树活动时的讲话（2017年3月29日），《人民日报》2017年3月30日

全民义务植树的一个重要意义，就是让大家都树立生态文明的意识，形成推动生态文明建设的共识和合力。每年这个时候与同学们一起植树，感到很高兴。希望同学们从小树立保护环境、爱绿护绿的意识，既要懂道理，又要做道理的实践者，积极培育劳动意识和劳动能力，用自己的双手为祖国播种绿色，美化我们共同生活的世界。——在参加首都义务植树活动时的讲话（2017年3月29日），《人民日报》2017年3月30日

参加义务植树是每个公民的法定义务。前人种树后人乘凉，我们每个人都是乘凉者，但更要做种树者。各级领导干部要身体力行，同时要创新义务植树尽责形式，让人民群众更好更方便地参与国土绿化，为人民群众提供更多优质生态产品，让人民群众共享生态文明建设成果。——在参加首都义务植树活动时的讲话（2017年3月29日），《人民日报》2017年3月30日

倡导推广绿色消费。生态文明建设同每个人息息相关，每个人都应该做践行者、推动者。要强化公民环境意识，倡导勤俭节约、绿色低碳消费，推广节能、节水用品和绿色环保家具、建材等，推广绿色低碳出行，鼓励引导消费者购买节能环保再生产品，推动形成节约适度、绿色低碳、

文明健康的生活方式和消费模式。要加强生态文明宣传教育，把珍惜生态、保护资源、爱护环境等内容纳入国民教育和培训体系，纳入群众性精神文明创建活动，在全社会牢固树立生态文明理念，形成全社会共同参与的良好风尚。——《在十八届中央政治局第四十一次集体学习时的讲话》（2017 年 5 月 26 日）

要广泛开展国土绿化行动，每人植几棵，每年植几片，年年岁岁，日积月累，祖国大地绿色就会不断多起来，山川面貌就会不断美起来，人民生活质量就会不断高起来。——在山西考察工作时的讲话（2017 年 6 月 21 日—23 日），《人民日报》2017 年 6 月 24 日

五十五年来，河北塞罕坝林场的建设者们听从党的召唤，在"黄沙遮天日，飞鸟无栖树"的荒漠沙地上艰苦奋斗、甘于奉献，创造了荒原变林海的人间奇迹，用实际行动诠释了绿水青山就是金山银山的理念，铸就了牢记使命、艰苦创业、绿色发展的塞罕坝精神。他们的事迹感人至深，是推进生态文明建设的一个生动范例。——对河北塞罕坝林场建设者事迹作出的指示（2017 年 8 月），《人民日报》2017 年 8 月 29 日

全党全社会要坚持绿色发展理念，弘扬塞罕坝精神，持之以恒推进生态文明建设，一代接着一代干，驰而不息，久久为功，努力形成人与自然和谐发展新格局，把我们伟大的祖国建设得更加美丽，为子孙后代留下天更蓝、山更绿、水更清的优美环境。——对河北塞罕坝林场建设者事迹作出的指示（2017 年 8 月），《人民日报》2017 年 8 月 29 日

3.8 全球共赢观

生态文明建设是构建人类命运共同体的重要内容。必须同舟共济、共同努力，构筑尊崇自然、绿色发展的生态体系，推动全球生态环境治理，

建设清洁美丽世界①。

生态文明建设关乎人类未来，建设绿色家园是人类的共同梦想，保护生态环境、应对气候变化需要世界各国同舟共济、共同努力，任何一国都无法置身事外、独善其身。我国已成为全球生态文明建设的重要参与者、贡献者、引领者，主张加快构筑尊崇自然、绿色发展的生态体系，共建清洁美丽的世界。要深度参与全球环境治理，增强我国在全球环境治理体系中的话语权和影响力，积极引导国际秩序变革方向，形成世界环境保护和可持续发展的解决方案。要坚持环境友好，引导应对气候变化国际合作。要推进"一带一路"建设，让生态文明的理念和实践造福沿线各国人民②。

习近平总书记指出，人类是命运共同体，建设绿色家园是人类的共同梦想。保护生态环境是全球面临的共同挑战，任何一国都无法置身事外。国际社会应该携手同行，共谋全球生态文明建设之路，共建清洁美丽的世界。在我们这样一个 14 亿人口的大国，走出一条生产发展、生活富裕、生态良好的文明发展道路，建成富强民主文明和谐美丽的社会主义现代化强国，将是我们为解决人类社会发展难题作出的重大贡献，也是为全球环境治理提供的中国理念、中国智慧和中国方案。我国生态文明建设的理念和实践，已得到国际社会的广泛认同和支持。我们要创造出更高的生产效率、更民主的政治、更先进的文化、更和谐的社会，还要创造出更美的自然环境；要更好地解决人与社会的矛盾，还要更好地解决人与自然的矛盾。中国走出一条生态文明建设的实现现代化新路，就会为世界上其他发展中国家追求现代化目标闯出一条新路③。

世界上只有一个地球，地球是人类共同的家园，因此，人类是你中有

---

① 中共中央国务院. 关于全面加强生态环境保护坚决打好污染防治攻坚战意见[N].人民日报,2018-6-25(1).

② 习近平. 推动我国生态文明建设迈上新台阶[J]. 求是,2019(3):4-19.

③《求是》编辑部. 在习近平生态文明思想指引下迈入新时代生态文明建设新境界[J]. 求是,2019(3):20-29.

我、我中有你的命运共同体。为了维护地球的可持续发展，国际社会必须坚持共谋全球生态文明建设。这就是要按照人类命运共同体理念，构筑一个尊崇自然、绿色发展的生态体系，共同维护全球生态安全，建设一个"清洁美丽的世界"。党的十九大报告提出："我们呼吁，各国人民同心协力，构建人类命运共同体，建设持久和平、普遍安全、共同繁荣、开放包容、清洁美丽的世界。"[①]因此，我们必须深度参与全球环境治理，为世界环境保护和可持续发展提供中国方案，积极引导应对气候变化国际合作。现在，中国已经成为全球生态文明建设的重要参与者、贡献者、引领者。显然，这一命题集中表达着社会主义生态文明建设的全球视野和国际胸怀[②]。

中国作为世界上最大的发展中国家，一直致力于为人类社会的发展做出更大的贡献。中华民族经历了从站起来、富起来，到强起来的伟大飞跃，迎来了中国特色社会主义新时代，这个新时代"是我国日益走近世界舞台中央、不断为人类作出更大贡献的时代"。党的十九大报告指出，中国共产党是为中国人民谋幸福的政党，也是为人类进步事业而奋斗的政党，中国共产党始终把为人类作出新的更大的贡献作为自己的使命。"我们要努力建设一个山清水秀、清洁美丽的世界"，在中国共产党与世界政党高层对话会上，习近平总书记向全世界近 300 个政党和政治组织的领导人阐述了中国生态文明建设的价值目标。这不仅表达着对人民群众、对子孙后代高度负责的鲜明态度，也体现着构建人类命运共同体的历史使命，丰富了大国国际责任担当的话语体系。人类只有一个地球，各国共处一个世界。当今时代，国与国之间是息息相关的，整个世界变成了"地球村"。面对全球性的环境问题，中国将生态文明建设融入经济社会发展各方面和全过程，坚持绿色发展。作为负责任的大国，中国以实际行动推动绿色发

① 习近平．决胜全面建成小康社会 夺取新时代中国特色社会主义伟大胜利：在中国共产党第十九次全国代表大会上的报告[N].人民日报，2017-10-28(1).

② 张云飞．习近平生态文明思想话语体系初探[J].探索，2019(4):2-31.

展。目前，中国可再生能源装机容量占全球总量的 24%，新增装机容量占全球增量的 42%，已成为世界节能和利用新能源、可再生能源的第一大国①。面向未来，中国提出于 2030 年左右使二氧化碳排放达到峰值并争取尽早实现，2030 年单位国内生产总值二氧化碳排放比 2005 年下降 60%—65%，非化石能源占一次能源消费比重达到 20% 左右，森林蓄积量比 2005 年增加 45 亿立方米。虽然需要付出艰苦的努力，但我们有信心和决心实现我们的承诺②。当然，没有哪个国家能够独自应对人类面临的各种挑战，也没有哪个国家能够退回到自我封闭的孤岛。气候变化是全球性挑战，任何一国都无法置身事外，各国应该遵循"共同但有区别责任"的原则，积极采取行动。发达国家应该带头落实好资金技术支持，帮助发展中国家发展绿色经济。中国作为最大的发展中国家，作为负责任的大国，一直积极承担应尽的国际责任，并推动各国携手共同应对全球性的生态危机。"我们要坚持同舟共济、权责共担，携手应对气候变化、能源资源安全、网络安全、重大责任灾害等日益增多的全球性问题，共同呵护人类赖以生存的地球家园。"③中国作为全球应对气候变化事业的积极参与者，积极推进联合国 2030 年可持续发展议程、气候变化《巴黎协定》生效落实，并在 2017 年 12 月 19 日正式启动全国碳排放权交易体系，以实际行动再次为推进全球碳减排作出了积极的贡献，在国际社会树立了良好形象。中国正逐渐成为全球生态文明建设的重要参与者、贡献者、引领者。

中国共产党是以马克思主义为理论武装的政党，为人类做贡献、最终

---

① 欧阳辉.绿色发展彰显大国担当[N].人民日报，2015-12-22(1).

② 中共中央文献研究室.习近平关于社会主义生态文明建设论述摘编[M].北京:中央文献出版社，2017:135.

③ 中共中央文献研究室.习近平关于社会主义生态文明建设论述摘编[M].北京:中央文献出版社，2017:128.

实现全人类解放是共产党的初心和使命①。党的十八大以来，习近平总书记围绕"建设一个什么样的世界、怎样建设世界"，提出了构建"人类命运共同体"的思想。在全球生态危机如此严峻而某些国家还试图逃避责任的国际背景下，中国提出构建"人类命运共同体"，这是为全球生态治理和人类发展贡献的中国方案与中国智慧。2017 年 2 月 10 日，联合国社会发展委员会第 55 届会议协商一致通过的"非洲发展新伙伴关系的社会层面"决议，把"构建人类命运共同体"理念首次写入联合国决议中，成为推动世界文明进步的独特的中国智慧。中国共产党作为世界上最大的政党正以前所未有的自信走向世界舞台的中央，在实现中华民族伟大复兴的历史进程中努力为建设清洁美丽世界作出更大的贡献，彰显中国共产党的大党担当②。

新中国 70 年的伟大实践充分证明，中国共产党作为一个负责任大国的执政党，在共谋全球生态文明建设的道路上不负使命、不负时代，有信心有能力带领中国人民建设好自己的美丽国家，为中华民族永续发展完成奠基，也有信心有能力从构建人类命运共同体的高度推进生态文明建设，与各国共同呵护人类赖以生存的地球家园。在全球生态治理体系的重大变革中，中国正在由以往的追随者转变为新规则的参与者、制定者和引领者，为维护全球生态安全和促进世界可持续发展作贡献③。

---

① 王公龙.为人类作更大的贡献 彰显中国共产党的大党担当[N].光明日报,2018-2-13(1).

② 华启和.习近平新时代中国特色社会主义生态文明建设话语体系图景[J].湖南社会科学,2018(6):1-7.

③ 李清源.70 年,开创社会主义生态文明新时代[J].环境经济,2019(23):32-37.

4 科学立法

加强新时代绿色治理制度建设就是要加快社会主义生态法治体系建设。生态法治是对生态文明建设实行法治化的状态和过程，是生态文明建设的规范化、制度化、法律化，是社会主义法治建设新的重要组成部分①。习近平总书记多次强调，只有实行最严格的制度、最严密的法治，才能为生态文明建设提供可靠保障②。

4.1 绿色法制概述

"最严"生态法治观作为习近平生态文明思想的重要组成部分，彰显了党在现代国家治理中的政治智慧和坚定决心，生态法治体系建设提供了科学的理论指导和行动指南，对新时代生态文明制度有着重大而深远的政治意义、历史意义、理论意义、实践意义。

4.1.1 价值所在

制度建设能够引领和重塑社会的价值理念。制度的规范功能主要就是使人能够对自己的行为产生一个明确的预期，进而影响人们的行为选择。制度的预测作用是指人们根据制度可以预先估计人们相互间将怎样行为以

① 文正邦,曹明德.生态文明建设的法哲学思考——生态法治构建刍议[J].东方法学,2013(6).83-94.
② 中共中央文献研究室.习近平关于社会主义生态文明建设论述摘编 [M].北京:中央文献出版社,2017:99.

及行为的后果等，从而对自己的行为作出合理的安排。预测作用的对象是人们的相互行为。通过行为预期的产生，形成一种个体心理的倾向，然后在社会交往中把个体的理念和思维方式扩散，进而对具体的制度规范及其所蕴藏的理念价值产生认同，促使一种存在于个人身体之外的行为、思想和感觉的形成。此外，特定制度所包含的社会价值具有伦理教化作用。制度所预设的伦理、价值观念，直接规定着该社会的整体伦理状况或精神文明发展的方向及其可能性空间。制度就是以这样的机理来影响和塑造社会的价值理念。宣传教育也是重塑价值理念的重要方式之一，通过对人们思维观念潜移默化的影响促使其价值观念发生变化。但是这一方式的作用周期较长，而生态文明又是一个极具现实性的命题，因此当下对价值理念的重塑主要还要依托于制度建设。

制度建设的主要目的就是生态文明制度体系的构建和完善。生态文明制度体系是一个兼具系统性、整体性、协同性的制度体系，而且生态还是一个事关经济、社会、组织的综合性问题，生态文明制度体系作用的发挥还要和经济、政治等领域的制度改革统筹推进。目前我国的生态文明制度体系还停留在环境保护和污染防治的阶段，总体上以单项工程等技术性的解决方案为主，既没有做到综合系统治理，也没有实现与经济、政治、社会和文化的协同治理。制度的规范、监督、约束等保障生态文明的作用价值没有得到充分发挥，生态环境持续恶化，制度的权威性和严肃性也受到影响。党的十八届三中全会提出建设生态文明制度体系，把生态文明建设纳入制度化轨道的决定，并进一步从深化生态文明体制改革是全面深化改革的战略定位出发，明确指出生态文明建设必须走制度化道路。因此，我国的生态文明建设要创新出更为全面、科学、系统的制度安排，其中的关键就是法律法规的修订。《中共中央关于全面深化改革若干重大问题的决定》提出的生态文明制度创新几乎囊括了所有的生态资源法律部门，目的就是要将生态文明的价值理念融入具体的制度安排之中，以此构建完整的生态文明制度体系，保障生态文明建设的有序推进。

制度建设是生态系统有序发展的保障。生态破坏和环境污染等生态失序发展的局面的出现根源于生态价值的缺失和制度建设的滞后。片面的价值理念使人类社会无视或者轻视生态系统对人类社会所具有的完整价值以及生态系统自身运行的价值，使得生态系统沦落为人类发展的"水龙头"和"污水池"。制度建设也受制于这种片面的价值理念，没有对生态系统的良好发展提供充分制度保障，人类对自然的无序开发和利用行为并没有得到充分的约束。可以说，生态系统的无序发展是价值理念和制度建设缺失共同作用所导致。而价值理念的生态化也主要依赖于制度建设，因此，生态系统的良好发展的关键所在也落脚于制度建设。

4.1.2 制度形态

制度有正式制度与非正式制度、基本制度与非基本制度之分。正式制度系人为通过一定程序制订，非正式制度则为自然演化而来。基本制度是一种制度体系中的核心部分，是一个制度体系的质的规定性所在，并规定了非基本制度的具体内容、发展方向及其相互关系。基本制度既是非基本制度的合理性根据之所在，又决定了一个社会的结构范型与人的基本交往方式。非基本制度则由基本制度依据特定程序、在一定具体条件下衍生而来，具有更多的技术性、工具性特征。基本制度具有更高的稳定性，非基本制度则相对更富有变化性[1]。按照这一标准，生态文明制度包括由公共权威机构制定或者认可的具有强制力的法律、规章、条例等正式制度和对正式制度起到补充、拓展、修正、说明的，得到社会认可的，不具有强制拘束力的非正式制度。

生态文明制度体系的科学性和完整性取决于制度体系是否能够全面地指引确立一种生态系统与人类实践行为之间和谐的共生关系。换言之，合理的生态文明制度体系既能将人类社会的政治、经济、文化、社会等因素

---

① 郭永园.协同发展视域下的中国生态文明建设研究[D].北京:中国社会科学出版社,2015.

予以充分关注，也能顾及人类正常的生态需求的有效满足，还可以实现生态系统自身的可持续发展。以此为原则，结合学者的研究，生态文明制度体系应当包括如下主要内容①。

（1）明确的制度价值：制度的价值是制度建设的依据和目标，是整个生态文明制度体系的灵魂所在。生态文明制度价值首先是要确保生态系统自身的可持续发展，保护自然资源的生态属性，维护生态系统的固有价值。这是生态文明建设的前提条件。其次，生态文明制度的价值要立足于实现人类社会的可持续发展。通过制度设计促进自然资源的合理利用，均衡人类需求和生态承载能力，妥善协调好代际之间发展问题，确保当代人以及后代都能够享受到良好生活环境的可能性。

（2）完善的生态权利义务：法律规范是古今中外最主要的制度形式，而法律规范的核心就是对法律主体权利义务的法律关系的确立。生态权利包括获得生态收益的权利、享有良好生态环境和健康的自然资源的权利；获取生态资源使用信息和知识的权利；个人和社区参与生态决策的权利；通过司法、行政等途径获得救济的权利；对政府和企业生态文明建设行为的监督检举的权利。生态义务就是为当代人和后代人的生态利益而承担的保护、保育和管理自然资源和进行环境保护的义务。

（3）系统的生态战略规划：战略规划是为了实现生态文明制度的创制目的，由执政党、生态管理部门制定的长期性的生态文明建设战略部署。生态战略规划是生态文明制度的具体化和操作化，明确了具体的责任和义务，确保生态资源的可持续利用，包括国家以及各级政府的环境和资源发展战略、生态多样性发展规划、环境保护发展规划、生态标准体系等。

（4）政府职能的明确化：科学的生态文明制度体系强调政府在生态文明建设中的主导作用。这就要求生态文明制度体系对生态行政机关以及相

① 郭永园. 协同发展视域下的中国生态文明建设研究[M]. 北京:中国社会科学出版社,2015.

关机构的职能作出明确的规定，明确其在生态文明建设中的权力、责任和义务构成，这其中分为生态主管部门的职能和主管部门首长的职能。生态主管部门的职能主要有管理性职能（对资源生态系统的功能的多样性和生物多样性的管理，对资源的恢复使用和可持续利用、资源与环境污染管理等）、技术性职能（资源计划、资源开发利用的生态限制、土地区域划分、资源生态标准等）、知识性职能（开展生态调查研究、推进生态公共参与、普及生态知识、提高社会的生态文明建设能力）、社会性职能（开展民生生态项目建设）、执法性职能（制定规范性文件和行政执行标准、通过行政途径化解生态纠纷）。主管部门的首长的职责一般包括制定综合或者专项的战略方案，处理资源和生态文明建设问题，对生态系统进行科学全面的评估，制定控制自然资源退化的行动和项目，制定和实行生态教育和公众参与的战略规划和具体项目，充分开展生态环境以及可持续发展的研究。

（出）完备的生态文明建设主体架构：完备的生态文明建设主体架构包括传统的行政决策机关、决策顾问机构、科学决策机构、利益相关者机构。行政决策机构有三种类型，其一是资源管理部门，负责对自然资源的开发利用实行综合化管理；其二是环境保护和管理部门，负责生态环境管理和保护、修复；其三是协调或者替代机构，对自然资源管理和生态系统保护的部门进行协调。决策顾问机构是由科技专家组成，就与资源可持续利用的有关战略、政策、行政、组织以及财政方面的问题向资源主管部门或者生态保护统一监督部门提供建议和意见。科学决策机构是根据资源可持续管理、生态保护立法建立的咨询委员会或者工作组，承担与资源可持续管理、生态保护的专门技术、科学、社会学与经济学方面的相关具体咨询和技术决策，并提出可行的行动方案的建议。利益相关者机构或组织包括科学研究机构、技术服务和推广机构、农村自治组织、社区组织等。

（6）有力的生态行政管制：行政管制是指行政部门依法对威胁生态系统的活动或者进程设定评定标准、制定自然资源利用和保护的生态标准及评价程序。其手段主要是对可能导致生态对话或者污染的资源开发利用活动采取限制性或静止性措施，并对其进行现场检查、行政许可等行政管束的管理机制。生态行政管制的目的在于控制对生态系统具有现实的或者潜在的威胁进程，主要管理方式是进行环境影响评价、设定生态资源标准、规定行政准入许可等。

（7）科学的生态资源开发、保护计划体系：资源可持续利用和生态保护区划、规划、计划的目的在于依据科学知识制定满足生态资源的开发利用标准，将生物多样性保护作为资源开发和决策的首要原则，划定资源开发和生态保护的局限，实现采取相应的措施以避免或者减少对自然资源生态整体性的风险或威胁。科学的生态资源开发、保护计划体系要建立在对生态功能区划正确把握基础之上。生态功能区划体系要明确各类生态功能区的主导生态服务功能以及生态保护目标，划定对国家和区域生态安全起关键作用的重要生态功能区域。

（8）精确的生态测评体系：生态系统的调查、研究、监测、评价是生态管理者以及决策者、社会公众掌握生态文明建设进程、资源开发的现状、生活环境质量的主要途径。精准的生态测评体系要有科学的监测和评价指标体系和方法。生态测评的主导力量是生态行政机构，监测自然资源利用状况、生态环境状况和生态系统健康状况是政府生态行政职能的主要内容，而且要将相关内容完整、及时地向社会公众公布。

（9）公众的生态参与机制：现代的生态文明建设体系是由政府、市场和社会构成的多元治理网络机制。因此，生态文明制度体系要保障公众和社区组织能充分有效地参与到生态文明建设之中。公众的生态参与首先要确保知情权的实现。通过立法保障公民的知情权，使任何人都有权获取国家掌握的与自然资源可持续利用、生态环境状态的信息。生态主管部门、生态保护监督部门要积极主动将生态区划和相应的管理计划公布于众。此外，政府要促进和鼓励公众和社会组织参与到生态文明建设实践之中，制定详尽的制度规范，设置有效的参与程序，使每个公民都能够、都愿意参与到不同的生态文明建设实践中。

（10）有效的生态教育：生态教育是人类为了实现可持续发展和创建生态文明社会的需要，而将生态学思想、理念、原理、原则与方法融入现代全民性教育的生态学过程。生态教育是生态文明建设的智识保障和生态文化培育的主要方式。制度建设要确保通过不断的教育、宣传和培训工作，使决策者、资源开发利用者和广大的社会公众理解生态文明建设的知识和机理，并在行动中进行有效地贯彻。这其中最为主要的就是要保证生态教育的机构和人员设置、财政支持以及明确政府及其附属部门的职责设置问题。

（11）生态责任设置：生态法律关系是一个新型的法律形式，涉及多元的社会主体，其中政府是生态文明建设的义务主体。但是传统的法律责任划分依据是自然人或者法人等主体的行为属性（民事、刑事、行政责任），政府的生态文明建设行为并不能完全被这三种责任所涵盖，因此就出现了法律责任的空白。生态责任的设计要在既有的法律责任的基础之上增加针对政府生态文明建设行为的政治责任的相关规定。此外，生态责任的制度设计要对生态责任的追究和生态权益的争议处理程序做出明确的规定。

4.2 绿色制度特征

构建综合性的生态文明建设制度体系是确保生态文明建设顺利、持续推进的根本保障。综合性的生态文明建设制度体系主要体现在三个方面。其一，内容的综合性，即生态文明建设制度体系要涵盖生态文明建设的不同层面和所有要素。其二，实体和程序的综合，即生态文明建设制度体系尤其是生态法律体系不仅要对实体性权利做出明确的规定，还要对权利实现的程序性规范做出规定。其三，制度类型的综合，即生态文明建设制度体系建设既要对传统的硬性制度规范予以重视，更要对软性制度规范予以高度关注。

4.2.1 内容综合

综合性的生态文明建设制度体系是要求涵盖污染防治、资源和生态保护、经济社会领域中的生态环境保护的制度体系，包括法律、管理体制和关键制度（见表4-1）。

综合性的生态文明建设制度体系首先要求有一部综合性的《生态法》，作为调整人类在保护自然环境、合理开发利用自然资源、防治环境污染、保护自然人和法人的生态权利和合法利益方面的系统法律规范。现行的《环境保护法》是生态领域的主要规范，专注于环境污染防治。由于该法是由全国人大常委会制定，不属于基本法的范畴，法律位阶偏低，决定了《环境保护法》目前还不可能成为生态领域的基本法。因此，完善生态文明建设制度体系迫切需要全国人民代表大会制定一部专门性的生态文明建设的基本法，作为生态文明建设制度体系的纲领性文件。

其次，制度体系的综合性体现治理的对象能涵盖所有的生态要素，包括动物、植物、微生物、土地、矿物、海洋、河流、阳光、大气、水分等天然物质要素，以及地面、地下的各种建筑物和相关设施等人工物质要素。污染防治是生态文明建设的最主要的任务，也是目前生态文明建设的主战场，但目前只有《大气污染防治法》《土壤污染防治法》《核安全法》《有毒有害物质污染控制法》等专项法律出台，还有许多生态要素没有专门的法律制度予以保护。而且各个专项法律滞后，难以适应现实的发展。《大气污染防治法》是1987年公布，2000年第九届全国人大常委会修改，2015年第十二届全国人大常委会修改通过，2018年第十三届全国人大常委会第二次修正；《水污染防治法》是1984年公布，1996年第八届全国人大常委会修改；2017年第十二届全国人大常委会第二次修正《固体废物污染环境防治法》是1995年公布，2020年第十三届全国人大常委会第二次修订；《环境噪声污染防治法》是1996年公布，2018年第十三届全国人大常委会修正；《海洋环境保护法》是1982年公布，2017年第十二届全国人大常委会第三次修正。以《大气污染防治法》为例，2000 年修订时主要是针对当时大气污染以煤烟型污染为主的局面，没有涉及区域联防联控的内容，所以难以适应目前区域性和复合型为特点的大气污染新形势，而且规定的 50 万元罚款上限的违法责任规定，使守法成本和违法成本倒挂，加之对大气污染防治职能规定不清（机动车管理职能涉及环保、公安、工业、交通、质检等 13 个部门），让该法遇到执法困境。

最后，制度体系的综合性体现在对政府、市场和社会多元参与的生态文明建设模式做出系统性规定。生态文明建设是一场史无前例的经济、社会和文化体制与观念的深层变革，需要动员各方主体参与其中。西方国家生态治理的实践表明单纯依靠市场或政府都难以实现对生态问题的良好治理，因而构建了政府、市场和社会多元主体治理模式。但是我国目前生态文明建设的制度体系规范主要集中于政府治理，对市场和社会多元参与治理的规定不足。以节能减排为例，节能减排依照国际经验必要实现政府管制和市场调节的有机结合才可能实现预定目标。但我国节能减排主要依赖行政性排污总量控制制度，《环境保护法》中尚未作出关于实行污染物排放总量控制的规定。具有市场治理性质的排污权（许可证）制度从 2007 年以来，国务院有关部门组织天津、河北、内蒙古等 11 个省（区、市）开展排污权有偿使用和交易试点，取得了一定进展，但是缺乏明确的法律规范，导致了排污权交易市场发展缓慢。因此，完善生态文明建设制度体系建设必须要关注由政府、市场和社会共同参与的机制构建，综合各方力量，实现生态问题的参与共治。

表 4-1　综合性的生态文明建设制度体系

制度安排 / 领域	主要法律	管理体制	关键制度
污染防治	环境保护法 海洋环境保护法 环境影响评价法 大气污染防治法 水污染防治法 固体废弃物污染环境防治法 环境噪声污染防治法 土壤污染防治法 核安全法 有毒有害物质污染控制法	环境保护管理体制	排污总量控制制度 排污权（许可证）制度 绿色政绩考核制度 环境责任追究制度 特许污染治理制度 环境信息公开制度 公众参与制度 环境税制度
资源和生态保护	野生动物保护法 水土保持法 水法 森林法 草原法 土地管理法 自然保护地法 矿产资源法 渔业法	自然资源资产管理体制 自然资源监管体制 生态保护管理体制	自然资源资产产权制度 自然资产产权交易制度 资源有偿使用制度 空间规划和用途管理制度 资源税制度 自然保护区管理制度 生态补偿制度 特许保护制度
经济社会领域的生态保护	清洁生产促进法 循环经济促进法 节约能源法 可再生能源法 城乡规划法	能源和应对气候变换管理体制	合同能源管理制度 煤炭总量控制制度 碳排放总量控制制度 碳排放权交易制度 政府绿色采购制度 绿色投融资机制

资料来源：《生态法原理》、中国可持续发展报告

4.2.2　实程并重

实体和程序的综合是综合性的生态文明建设制度体系建设的另一个层

面。实体性法律规范是以规定和确认权利与义务为主的法律。程序性法律规范指以保证权利和义务得以实现或职权职责得以履行的有关程序为主的法律。"重实体、轻程序"的观念一直左右着法治建设，使得在法治建设中注重实体权利义务的创设，而忽视权利义务实现的程序性规范。在立法理念就表现为实体正义高于程序正义，没有将程序的公正、合理性视为与法律裁判的结果的公正、合理性具有同等的价值和意义。生态文明建设制度体系建设也受此影响，关注于生态权利（管理权力）的创设，而对权利的救济机制和权力的执行机制涉及较少，尤其是忽视了诉讼程序性规定（如环境公益诉讼的高额的索赔可以提高了其污染成本）。与传统的法律关系相比，生态法律领域缺少如《民事诉讼法》《行政诉讼法》《刑事诉讼法》相似的《生态诉讼法》等程序性法律规范。这导致生态权益主体难以获得相应的权利救济，在司法实践中出现了环境诉讼的"零受理"现象。

2015 年开始实施的《环境保护法》作出了有益的尝试。首次对环境公益诉讼做出了规定，其中第五十八条规定，公益诉讼的符合条件扩大为社会组织"依法在设区的市级以上人民政府民政部门登记"和"专门从事环境保护公益活动连续五年以上且无违法记录"，且"提起诉讼的社会组织不得通过诉讼牟取经济利益"，放开了社会组织的诉讼权，目前符合诉讼资格的公益诉讼主体超过 300 余家。但是这一规定只是对环境公益诉讼的诉权主体资格做出的规定，并没有结合生态问题的特殊性对诉讼的具体程序做出规定，而且还存在主体限制过严的问题。因此，从长远着眼，要适时地制定《生态诉讼法》作为生态权益的程序性规范的基本法律文件，保障公民的生态权益。

生态程序性制度还有还包括生态行政权力运行的规定。生态文明建设主体是生态行政治理，因此生态行政权力的运行程序也是生态文明建设制度建设的主要内容。这也是被忽视的一个方面，与我国整体的行政法治现状紧密相关。因为行政程序立法还处于起步阶段，在地方层面只有 2008年公布实施的《湖南省行政程序规定》，2011 年公布、2012 年实施的《山东省行政程序规定》等少数的地方行政程序立法。行政程序法是现代化的生态文明建设制度不可或缺的一环，能够控制公共权力滥用，保护公民的基本权利和自由，规范行政行为、规范和简化行政程序、提高行政效率。完善生态文明建设制度体系建设要对生态行政做出翔实的程序性规定，以有效地规范生态行政机关履行生态治理职能，确保法律主体的生态权益得以实现。

4.2.3　软硬结合

软法和硬法的结合是生态文明建设制度体系建设的一个重要内容。以往对生态文明制度体系建设关注较多的是国家立法机关制定或者认可的制度规范，有国家强制力保障实施。这种制度规范被称作是软法，是生态文明制度体系最初的也是最主要的形态，规定了生态文明建设的基本原则，形成了生态文明建设的基本架构。

软法（Softlaw）是与硬法（Hardlaw）相对的一个概念，是由相关组织制定或认可的，非国家强制力实现的行为规则。软法的兴起主要由于 20 世纪中后期传统的国家管理模式的式微，公共管理领域出现了"从管制到治理"的转型。与侧重平等协商、参与互动的治理理念相一致的软法开始在公共治理领域兴起。国外发达国家的公共治理实践中，软法承担着重要的制度供给职能①。

生态文明建设的制度体系建设既需要考虑科技水平的发展程度，又要与经济发展的水平相适应，还要考虑应对环境危机的突发性。这无疑增加了以硬法为主的传统立法的难度和变数，对传统法律的被动型属性提出了挑战。

美国 1970 年生效的《国家环境政策法》宣告一种新的法律类型的形成。该法共计 26 条且绝大部分是软法规范（伦理性规范、授权性规范、义务性规范），主要涉及联邦政府与州政府在环境保护方面的分权协作，

---

① 郭永园.软法治理:跨区域生态治理现代化的路径选择[J].广西社会科学,2017（6）:105-109.

确立了环境政策法的地位、环境影响评价制度以及国家环境保护的责任等方面。目前全世界有大约 80 多个国家以此为模板展开生态立法。软法成为现代国家生态文明建设重要的制度构成，拓展生态治理法治化的疆域，在实践中发挥了重要的作用。软法创设的政治性责任有效弥补了传统法律责任在生态文明建设中的不足。因此，软法要纳入法治体系的范畴，与传统的硬法实现有效的衔接，确保提供完善的生态文明建设制度保障体系。

4.3 管物制度

党的十八届三中全会确立了生态文明制度建设在全面深化改革总体部署中的地位，提出"必须建立系统完整的生态文明制度体系，用制度保护生态环境"，"要健全自然资源资产产权制度和用途管制制度，划定生态保护红线，实行资源有偿使用制度和生态补偿制度，改革生态环境保护管理体制"。《生态文明体制改革总体方案》指出：坚持自然资源资产的公有性质，创新产权制度，落实所有权，区分自然资源资产所有者权利和管理者权力，合理划分中央地方事权和监管职责，保障全体人民分享全民所有自然资源资产收益。构建归属清晰、权责明确、保护严格、流转顺畅、监管有效的自然资源资产产权制度，目的就是要以产权制度改革为杠杆，推动生态文明建设。产权是指经济主体对于财产拥有法定关系并由此获得利益的权利，包括所有权、支配权、收益权等。健全生态文明产权制度是为了使生态资源具有明确的主人，使其获得使用这些资源的利益，同时承担起保护资源的责任。

4.3.1 自然资源

自然资源资产产权制度是加强生态保护、促进生态文明建设的重要基础性制度（见表 4-2）。自然资源的资产产权在《宪法》《民法典》以及各个专项的资源法律文件中有所体现，确立了自然资源国家所有和集体所有多种形式的使用权制度，确立了国家所有权由国务院代理的规定，对各类资源普遍确立了不动产登记制度和资源有偿使用制度，在土地、矿产等领域引入比较完整的资源出让和转让市场交易制度，初步形成了自然资源正常产权制度体系。但是目前的制度规范原则较强，产权归属不清和权责不明的情形在资源领域普遍存在，统一登记刚刚起步，资产核算和监管体系尚未建立，独立、完整的自然资源资产管理体系尚未形成。资源产权制度的完善要对水流、森林、山岭、草原、荒地、滩涂等自然生态空间进行统一确权登记，形成归属清晰、权责明确、监管有效的自然资源资产产权制度。

根据自然资源的构成以及我国生态文明建设的实际需要，我国的自然资源产权主要集中在水、森林、矿产和能源领域。改革开放以来，我国自然资源资产产权制度逐步建立，在促进自然资源节约集约利用和有效保护方面发挥了积极作用，但也存在自然资源资产底数不清、所有者不到位、权责不明晰、权益不落实、监管保护制度不健全等问题，导致产权纠纷多发、资源保护乏力、开发利用粗放、生态退化严重。为加快健全自然资源资产产权制度，进一步推动生态文明建设，2019 年 4 月，中共中央办公厅、国务院办公厅印发《关于统筹推进自然资源资产产权制度改革的指导意见》（以下简称《自然产权意见》）。

《自然产权意见》指出新时代自然资源产权制度建设首先就是要健全自然资源资产产权体系。在中国特色社会主义法治框架下，自然资源产权具有所有权与使用权分离的现实境遇。我国法律比较注意自然资源权属制度的规定。早在 1954 年的《宪法》中，第 6 条第 3 款就明确规定："矿藏、水流，由法律规定为国有的森林、荒地和其他资源，都属于全民所有。"后来的 1975 年、1978 年和 1982 年宪法中都有关于自然资源权属事宜的原则性规定。现行宪法（2018 年修订）第 9 条第 1 款规定："矿藏、水流、森林、山岭、草原、荒地、滩涂等自然资源，都属于国家所有，即全民所有；由法律规定属于集体所有的森林和山岭、草原、荒地、滩涂除外。"第 10 条第 1、第 2 款分别规定"城市的土地属于国家所有""农村和城市郊区的土地，除由法律规定属于国家所有的以外，属于集体所有；宅基地、自留地、自留山，也属于集体所有"。

自然资源使用权是指国家、单位或者个人依法对国家、单位或者个人所有的自然资源进行占有、使用，并且享有或者取得相应利益或者收益的权利。同自然资源所有权一样，自然资源使用权也有一套取得、变更和消灭的制度。但是，两者之间存在着两点较大差别：①相对于自然资源所有权主体的范围而言，自然资源使用权的主体更为广泛，几乎任何单位和个人都可以成为自然资源使用权的主体；②相对于自然资源所有权而言，自然资源使用权的内容受自然资源所有权和环境保护以及生态规律的制约较大。根据有关法律的规定，我国自然资源使用权的取得方式主要有确认取得、授予取得、转让取得、开发利用取得四种方式：①确认取得是指自然资源的现有使用人依法向法律规定的国家机关申请登记，由后者登记造册并核发使用权证从而取得自然资源使用权的情形；②授予取得是指单位或者个人依法向有关政府或其行政主管部门提出申请，后者依法将被申请的自然资源使用权授予申请人的情形；③转让取得是指单位或者个人按照法律规定或者认可的程序，通过买卖、出租、承包等形式而取得自然资源使用权的情形；④开发利用取得是指单位或者个人依法通过开发利用活动而取得自然资源使用权的情形[①]。

新时代要创新自然资源产权制度，急需处理好自然资源资产所有权与使用权的关系，创新自然资源资产全民所有权和集体所有权的实现形式：第一是落实承包土地所有权、承包权、经营权"三权分置"，开展经营权入股、抵押，并探索宅基地所有权、资格权、使用权"三权分置"；第二是加快推进建设用地上、地表和地下分别设立使用权，促进空间合理开发利用；第三是探索研究油气探采合一权利制度，加强探矿权、采矿权授予与相关规划的衔接。第四是探索海域使用权立体分层设权，加快完善海域

---

①胡德胜. 环境资源法学[M]. 北京：北京大学出版社，2018：303-304.

使用权出让、转让、抵押、出租、作价出资（入股）等权能。"十四五"期间，自然资源产权制度建设要与自然资源多种属性以及国民经济和社会发展需求，与国土空间规划和用途管制相衔接，推动自然资源资产，构建分类科学的自然资源资产产权体系，着力解决权力交叉、缺位等问题。

表 4-2　自然资源产权制度框架

资源类型	特点	产权	
		所有权	使用权
水资源	总量控制	国家	取水权
			可交易水权
森林资源	资源的互相依赖性	公益林-国家、集体、个人	林地资源权
			林木等生物资源权
		商品林-个人	森林生态资源权
矿产资源	代际稀缺性	国家	采矿权
			探矿权
能源资源	总量与总量双控制	国家	用能权
			交易用能权

资料来源：《生态文明制度建设研究》

4.3.2　环境资源

环境资源是影响人类生存和发展的各种天然的和经过人工改造的自然因素的总体，包括大气、水、海洋、土地、森林、草原、自然保护区、湿地等等，它能够提供人们生产和生活所必需的要素，如清洁的空气和水，同时也能吸纳人们生产和生活所排放的废物，如废水、废气和废渣。环境资源不同于单独的某种自然资源如水资源、大气资源，它由各种自然资源复合组成而发挥作用。环境资源既包括自然环境资源也包括人工环境资源[1]。环境资源产权是一种新型的、独立的、符合的权利，涉及一系列影响资源利用的权利，完备的环境资源产权应该包括关于对环境资源利用的

---

[1] 左正强 . 我国环境资源产权制度构建研究[D]. 西南财经大学,2009:17

93

所有权利，即包括环境资源所有权、使用权、转让权、收益权等等。环境资源产权主要包括排污权和生态保护受益权（见表4-3），排污权主要包括固体排污权、大气排污权和水体排污权。

环境资源产权制度包括环境资源产权的界定、行使、交易、保护等内容，其中环境资源产权界定是前提性、基础性制度。如果产权界定不清，存在争议或边界模糊，就会给产权行使和交易带来各种障碍，导致产权交易无法顺利进行，造成产权交易活动的无效率或负效率。同时给产权保护增加困难，浪费产权保护的行政和司法资源。环境资源产权界定本身还是一种资源配置方式，产权界定带有政策性和竞争性，政策倾向和竞争机制必然引导资源向资源利用效率高的领域流动，从而实现资源的优化配置。环境资源产权界定是指国家通过行政或法律手段对资源环境产权进行确认或许可的活动。环境资源产权的界定方式包括行政确认、行政许可和法律确认3种方式。行政确认是指对环境资源的产权进行法律上的确认。行政许可是对政府代表国家所拥有的环境资源产权根据一定的原则和程序授予市场主体的活动。由于行政许可对于政府是一种以公共利益为基础的获利行为，对市场主体则是一种逐利行为，行政许可过程中往往存在"设租""寻租"和"竞租"现象。因此，行政许可必须按照法定的程序，坚持公开透明、竞争择优、公益优先的原则实施。法律确认是指法律规定产权获得的标准，只要符合法律规定的标准，自然就取得产权。法律确认是产权界定中的主体部分，只有那些重要的资源才通过行政许可和行政确认的方式进行界定[①]。建立排污权有偿使用和交易制度，是我国环境资源领域一项重大的、基础性的机制创新和制度改革，是生态文明制度建设的重要内容，将对更好地发挥污染物总量控制制度作用，在全社会树立环境资源有价的理念，促进经济社会持续健康发展产生积极影响。

---

① 沈满洪，郁玉玲，彭熠，等 . 生态文明制度建设研究[M]. 北京：中国环境出版社，2017：371-372.

在排污权制度方面，我国在 20 世纪 80 年代开始探索排污权交易制度，40 余年的发展过程中相关制度建设逐步完善和成熟，但是目前尚未形成一部全国性的排污权交易的法律规范。1987 年，上海市颁布了《上海市黄浦江上游水源保护条例》，第六条规定："一切有废水排入上述水域的单位应在本条例生效后三个月内，向所在区、县环境保护部门提出污染物排放申请，由环境保护部门按照污染物排放总量控制的要求进行审核、批准，统一颁发《排污许可证》。各排污单位应按规定排放污染物，并交纳排污费。未经许可，不准擅自排放污染物。"该法律可以视为是我国最早的排污权管理的地方性法规。1988 年 3 月原国家环保局颁布的《水污染物排放许可证管理暂行办法》第四章第 21 条规定："水污染物排放总量控制指标，可在本地区的排污单位间相互调剂。"1989 年 7 月原国家环保局颁布的《水污染防治法实施细则》第 9 条规定，超过国家规定的企业事业单位污染物排放总量应当限期治理，"企业事业单位向水体排放污染物的，必须向所在地环境保护部门提交《排污申报登记表》。环境保护部门收到《排污申报登记表》后，经调查核实，对不超过国家和地方规定的污染物排放标准及国家规定的企业事业单位污染物排放总量指标的，发给排污许可证"。此后，海南、上海、山西等地相继出台了地方性排污权管理的法规或制度性文件。2000 年 4 月，第九届全国人大常务委员会第十五次会议通过了新修订的《大气污染防治法》，第 15 条规定："国务院和省、自治区、直辖市人民政府对尚未达到规定的大气环境质量标准的区域和国务院批准划定的酸雨控制区、二氧化硫污染控制区，可以划定为主要大气污染物排放总量控制区；主要大气污染物排放总量控制的具体办法由国务院规定；大气污染物总量控制区内有关地方人民政府依照国务院规定的条件和程序，按照公开、公平、公正的原则，核定企业事业单位的主要大气污染物排放总量，核发主要大气污染物排放许可证；有大气污染物总量控制任务的企业事业单位，必须按照核定的主要大气污染物排放总量和许可证规定的排放条件排放污染物。"该法明确规定了大气污染物的总量控制和大气污染物排放许可证制度。2008 年 2 月，《中华人民共和国水污染防治法》修订通过，第 18 条规定："国家对重点水污染物排放实施总量控制制度。省、自治区、直辖市人民政府应当按照国务院的规定削减和控制本行政区域的重点水污染物排放总量，并将重点水污染物排放总量控制指标分解落实到市、县人民政府。市、县人民政府根据本行政区域重点水污染物排放总量控制指标的要求，将重点水污染物排放总量控制指标分解落实到排污单位。具体办法和实施步骤由国务院规定。"第 20 条规定："国家实行排污许可制度。直接或者间接向水体排放工业废水和医疗污水以及其他按照规定应当取得排污许可证方可排放的废水、污水的企业事业单位，应当取得排污许可证；城镇污水集中处理设施的运营单位，也应当取得排污许可证。排污许可的具体办法和实施步骤由国务院规定。"这标志着水污染物总量控制和水污染物排放许可证制度正式建立。

2007 年以来，国务院有关部门组织天津、河北、内蒙古等 11 个省（区、市）开展排污权有偿使用和交易试点，取得了一定进展。为进一步推进试点工作，促进主要污染物排放总量持续有效减少，2014 年国务院办公厅发布了《关于进一步推进排污权有偿使用和交易试点工作的指导意见》。该意见明确指出要建立排污权有偿使用制度和加快推进排污权交易。建立排污权有偿使用制度首先是严格落实污染物总量控制制度。实施污染物排放总量控制是开展试点的前提，将污染物总量控制指标分解到基层，不得突破总量控制上限。其次，合理核定排污权。核定排污权是试点工作的基础，每 5 年应根据有关法律法规标准、污染物总量控制要求、产业布局和污染物排放现状等核定一次。再次，实行排污权有偿取得。试点地区实行排污权有偿使用制度，排污单位在缴纳使用费后获得排污权，或通过交易获得排污权。排污单位在规定期限内对排污权拥有使用、转让和抵押等权利。对现有排污单位，要考虑其承受能力、当地环境质量改善要求，逐步实行排污权有偿取得。新建项目排污权和改建、扩建项目新增排污权，原则上要以有偿方式取得。有偿取得排污权的单位，不免除其依法缴纳排污费等相关税费的义务。此外，该意见还强调了要规范排污权出让方式和加强排污权出让收入管理①。在加快推进排污权交易方面，该意见重点在于规范交易行为和控制交易范围。排污权交易应在自愿、公平、有利于环境质量改善和优化环境资源配置的原则下进行。交易价格由交易双方自行确定，要严格按照《国务院关于清理整顿各类交易场所切实防范金融风险的决定》（国发〔2011〕38 号）等有关规定，规范排污权交易市场。排污权交易原则上在各试点省份内进行，涉及水污染物的排污权交易仅限于在同一流域内进行。火电企业原则上不得与其他行业企业进行涉及大气污染物的排污权交易。环境质量未达到要求的地区不得进行增加本地区污染物总量的排污权交易。工业污染源不得与农业污染源进行排污权交易。

表 4-3　环境资源产权制度框架

环境产权分类		特点	产权	
			所有权	使用权
排污权	固体排污	总量控制	国家	排污权有偿使用
	水体排污	节能减排		
	大气排污	增量下降		排污权交易
生态权	环境的生态受益权	人与自然	生态物	生态安全权
		自然与自然		生态利益权
		代内与代际		生态选择权
		国内与国际		生态保护权

4.3.3　气候资源

　　碳排放权，是指能源消费过程中排放的温室气体总量，包括可供的碳排放权和所需的碳排放权两类。碳排放权交易的概念源于 1968 年，美国

---

①国务院办公厅关于进一步推进排污权有偿使用和交易试点工作的指导意见[EB/OL].http://www.gov.cn/zhengce/content/2014-08/25/content_9050.htm，2020-1-19.

经济学家戴尔斯首先提出的"排放权交易"概念，即建立合法的污染物排放的权利，将其通过排放许可证的形式表现出来，令环境资源可以像商品一样买卖。当时，戴尔斯给出了在水污染控制方面应用的方案。随后，在解决二氧化硫和二氧化氮的减排问题中，也应用了排放权交易手段。排污权交易是市场经济国家重要的环境经济政策，美国国家环保局首先将其运用于大气污染和河流污染的管理。此后，德国、澳大利亚、英国等也相继实施了排污权交易的政策措施。排污权交易的一般做法是：政府机构评估出一定区域内满足环境容量的污染物最大排放量，并将其分成若干排放份额，每个份额为一份排污权。政府在排污权一级市场上，采取招标、拍卖等方式将排污权有偿出让给排污者，排污者购买到排污权后，可在二级市场上进行排污权买入或卖出。国际上认为，虽然 2002 年荷兰和世界银行就率先开展碳排放权交易，但是全球碳排放市场诞生的时间应为 2005 年。

1997 年，全球 100 多个国家因全球变暖签订了《京都议定书》，该条约规定了发达国家的减排义务，同时提出了三个灵活的减排机制，碳排放权交易是其中之一。2005 年，伴随着《京都议定书》的正式生效，碳排放权成为国际商品，越来越多的投资银行、对冲基金、私募基金以及证券公司等金融机构参与其中。基于碳交易的远期产品、期货产品、掉期产品及期权产品不断涌现，国际碳排放权交易进入高速发展阶段。2015 年 12 月 12 日，巴黎气候变化大会通过《巴黎协定》，2016 年 4 月 22 日，175 个国家正式签署《巴黎协定》，2016 年 11 月 4 日，《巴黎协定》正式生效，全世界开启了可持续发展的道路。《巴黎协定》提出 2030 年全球温室气体排放要降到 400 亿吨，比 2010 年下降 100 亿吨。各缔约方要将全球平均气温较工业化前水平升高控制在 2 摄氏度之内，并力争把升温控制在 1.5 摄氏度内。并且，《巴黎协定》要求，2050 年之前全球碳排放总量下降到 150 亿吨／年。也就是说，到 2050 年全球碳排放总量要下降三分之二。此外，我国做出了自己的减排承诺，提出二氧化碳排放 2030 年左右达到峰值并争取尽早达峰、单位国内生产总值二氧化碳排放比 2005 年下降 60%

至 65% 等自主行动目标。

《巴黎协定》生效当日，国务院印发了《"十三五"控制温室气体排放工作方案》（以下简称《方案》）。为达到二氧化碳控排及承诺峰值的目标，《方案》明确到 2020 年，我国单位国内生产总值二氧化碳排放比 2015 年下降 18%，要力争在 2020 年能源体系、产业体系和消费领域低碳转型取得积极成效。这其中，碳排放权交易成为主要的手段和方式。2017 年我国启动了全国的碳市场，目前各项准备工作正在积极进行。中国碳市场成为全球碳排放交易中规模最大的市场。

我国以往的节能减排工作中过于依赖行政手段，虽然取得阶段性良好减排效果，但政府监管成本和社会减排成本过高，造成了一定的社会经济损失并产生较大的负面影响。近些年来，欧盟碳市场和中国碳排放权交易试点通过实践证明：市场手段是减少温室气体排放的有效政策工具，能够有效降低全社会的减排成本，并充分调动企业减排的积极性。党的十八大报告就明确指出：积极开展碳权交易制度试点；党的十八届三中全会进一步明确提出碳权交易制度建设。在具体操作层面，我国相继出台了：《中国应对气候变化国家方案》《"十二五"控制温室气体排放工作方案》《国家适应气候变化战略》《国家应对气候变化规划（2014—2020 年）》《"十三五"控制温室气体排放工作方案》等一系列政策文件，加快推进中国产业结构和能源结构调整，开展节能减排和生态文明建设，积极应对气候变化。2011 年 10 月，国家发展和改革委员会印发《关于开展碳排放权交易试点工作的通知》，批准在北京、天津、上海、重庆、湖北、广东和深圳开展碳排放权交易试点工作，相对比较多的行业是电力、热力、钢铁、陶瓷、石化、化工、纺织、有色、塑料、造纸、油气开采等工业类的；此外还有些属于非工业类的，如航空、港口、机场、铁路、金融、宾馆及大型公共建筑等排放量也是比较大的。目前已基本建设成权责明晰、运行顺畅、交易活跃、履约积极的区域碳市场。在试点区域中，深圳市建立了全国首个碳排放权交易市场，碳排放权交易体系覆盖了城市碳排放总量的 40%，配额累计成交量 1807 万吨，累计成交额 5.96 亿元，是目前覆盖企业数量最多、交易最活跃、减排效果最显著的试点地区。为推进全国碳排放交易市场建设，国家先后制定了《碳排放权交易管理暂行条例》等碳市场相关法规和政策，推动全国碳排放权注册登记系统和交易系统建设。陆续发布了 24 个行业企业排放核算报告指南和 13 项碳排放核算国家标准。2017 年 12 月 18 日，国家发改委（原气候变化主管部门）印发了《全国碳排放权交易市场建设方案（发电行业）》，标志着中国碳排放交易体系完成了总体设计并正式启动，文件要求将发电行业作为首批纳入行业，率先启动碳排放交易。2018 年在新一轮国家机构改革中，应对气候变化的职能被划归为生态环境部主管。据统计，2019 年全国试点地区的碳交易量已达 92.85 百万吨，交易价值大 20 855.6 亿元，较 2018 年增长27.7%（见表 4-4）。

表 4-4 全国碳排放交易

试点	2019 年			2018-2019 年涨跌幅		
	交易量（百万吨）	价值（百万欧元）	平均价格（欧元/吨）	交易量	价值	价格
广东	45.38	111.05	2.15	60.00%	141.70%	51.00%
深圳	14.55	19.05	1.31	13.70%	−51.30%	−57.20%
湖北	12.49	43.40	3.47	12.90%	40.70%	24.70%
北京	7.07	55.25	7.81	−20.80%	24.20%	56.90%
上海	6.89	29.47	4.28	13.90%	27.10%	11.50%
福建	4.07	8.93	2.20	38.50%	36.40%	−1.50%
重庆	1.27	2.68	2.12	369.80%	1654.40%	273.40%
天津	1.13	2.06	1.82	−50.60%	−40.40%	20.50%
总计	92.85	271.89	2.93	27.70%	40.3	9.9

4.4 管事制度

4.4.1 空间管治

国土是生态文明建设的空间载体。生态文明空间管治制度是对生态环境空间利用方式的国家管理，通过国家干预，实现人类社会与生态环境之间的和谐发展。自然资源用途管理就是建立空间规划体系，划定生产、生活、生态空间开发管制界限，落实用途管制。用途管理主要就是按照现行的主体功能区划与各项资源与生态环境法律所规定的规划和功能区划制度、自然保护区制度来确定自然资源的利用方式。

20 世纪 80 年代，我国就开始在生态环境空间管控领域进行探索，先后制定了以环境要素管理为目标的大气环境功能区划、声环境功能区划、水环境功能区划、土壤环境功能区划等单项生态环境要素空间管控的规划，相关成果在生态环境保护五年规划、生态省（市、县）建设规划、生态环境保护专项规划中得到了实践性的应用，特别是水功能区划、水环境功能区划和生态功能分区研究取得了一系列应用性成果。这一阶段以单要素环境功能区划为主，虽然对环境保护起到了积极作用，但在区域层面上以协调区域环境保护与经济发展，提高环境管理能力为目的的综合性环境区划研究较少。2006 年，国家"十一五"规划纲要将"推进形成主体功能区"作为"促进区域协调发展"的重要内容，2008 年，原环境保护部和中国科学院联合编制了《全国生态功能区划》，在此研究基础上，2012 年，原环境保护部发布了《全国环境功能区划编制技术指南（试行）》，并先后在河南、湖北等 13 个省（自治区）分两批开展了环境功能区划编制试点[①]。

目前在自然资源中对土地的用途管理较为详细，《土地管理法》以及

---

① 蒋洪强,刘年磊,胡溪,等.我国生态环境空间管控制度研究与实践进展[J].环境保护,2019,(13):32-36.

土地利用总规划将土地划分为农用地、建设用地和未利用地。自然保护区制度也具有资源用途管理的功能。但是目前在资源用途管理领域还存在较大的问题，即资源与生态保护领域的各种规划区划互不一致、交叉重叠，统一的国土空间规划尚未形成，而问题的根源在于主体功能区划的法律地位不明确，因此，资源用途管理制度的完善主要就是要通过制度的创设和修订，确立主体功能区划的法律地位，建立统一的国土空间规划体系。

党的十八大报告中明确指出："加快建立生态文明制度，健全国土空间开发、资源节约、生态环境保护的体制机制，推动形成人与自然和谐发展的现代化建设新格局。在第八章"大力推进生态文明建设"中第一条目就是提出要优化国土空间开发格局："要按照人口资源环境相均衡、经济社会生态效益相统一的原则，控制开发强度，调整空间结构，促进生产空间集约高效、生活空间宜居适度、生态空间山清水秀，给自然留下更多修复空间，给农业留下更多良田，给子孙后代留下天蓝、地绿、水净的美好家园。加快实施主体功能区战略，推动各地区严格按照主体功能定位发展，构建科学合理的城市化格局、农业发展格局、生态安全格局。提高海洋资源开发能力，发展海洋经济，保护海洋生态环境，坚决维护国家海洋权益，建设海洋强国"。党的十八届三中全会提出要围绕建设美丽中国深化生态文明体制改革，加快建立生态文明制度，其中健全国土空间开发成为头等大事，加强主体功能区建设成为了这项工作的主要抓手。全会公报明确表示"坚定不移实施主体功能区制度"，推动形成以"两横三纵"为主体的城市化战略格局、以"七区二十三带"为主体的农业战略格局、以"两屏三带"为主体的生态安全战略格局，以及可持续的海洋空间开发格局。强化主体功能区作为国土空间开发保护基础制度的作用，加快完善主体功能区政策体系，推动各地区依据主体功能定位发展。主体功能区在我国生态文明建设中的地位和价值都提升到了极其重要的高度，这标志着我国在区域发展思路上已进入"空间管制时代"。三中全会还明确提出了生态红线这一具有中国特色的生态空间管治制度。生态保护的红线是从国土空间开发限制和资源环境承载力两个方面划定严格的保护界限，为严格控制各类开发活动逾越生态保护红线奠定科学基础。现有的制度规范已有部分体现，如《土地管理法》划定的基本农田保护区、自然保护区制度、《水法》规定的用水总量等，2011 年 6 月发布的《全国主体功能区规划》是生态保护红线的重要依据。但从实施的情况而言，前述的相关规定并没有的达到较好的执行，根源在于缺乏系列的制度保障规范。完善生态保护的红线制度迫切需要构架完整系统的国土空间规划法律，适时地制定和出台《国土规划法》作为生态保护红线的根本法律依据，明确主体功能区的法律约束力，确保严格按照主体功能区规划和相关国土规划的定位实施区域开发和保护。同时要建立资源环境承载能力监测预警机制，对水土资源、环境容量和海洋资源超载区域实行限制性措施；探索编制自然资源资产负债表，对领导干部实行自然资源资产离任审计，建立生态环境损害责任终身追究制。2015 年 10 月，党的十八届五中全会审议通过的《中共中央关于制定国民经济和社会发展第十三个五年规划的建议》指出：加快建设主体功能区。发挥主体功能区作为国土空间开发保护基础制度的作用，落实主体功能区规划，完善政策，发布全国主体功能区规划图和农产品主产区、重点生态功能区目录，推动各地区依据主体功能定位发展。以主体功能区规划为基础统筹各类空间性规划，推进"多规合一"。

目前国内生态管制制度体系主要包括四个方面：主体功能区划、土地用途管制、城市空间管制和环境管制。主体功能区划是依据不同区域资源环境承载力、现有开发强度和发展潜力、形成人口、经济、资源相协调的空间格局，目的只是完善开发政策、控制开发强度、规范开发秩序、确定不同区域的主体功能，主要以行政手段为主，包括采用宣传、指示、编制《规划》等方式要求各级政府做好主体功能区的管制工作。《国务院关于编制全国主体功能区规划的意见》（国发[2007]21 号）明确了主体功能区划的划定标准为：一是资源环境承载能力。即在自然生态环境不受危害并维系良好生态系统的前提下，特定区域的资源禀赋和环境容量所能承载的经济规模和人口规模，主要包括水、土地等资源的丰裕程度，水和大气等的环境容量，水土流失和沙漠化等的生态敏感性，生物多样性和水源涵养等的生态重要性，地质、地震、气候、风暴潮等自然灾害频发程度等；二是现有开发密度。主要指特定区域工业化、城镇化的程度，包括土地资源、水资源开发强度等；三是发展潜力。即基于一定资源环境承载能力，特定区域的潜在发展能力，包括经济社会发展基础、科技教育水平、区位条件、历史和民族等地缘因素，以及国家和地区的战略取向等。2011 年 6 月 8 日，《全国主体功能区规划》正式发布，根据不同区域的资源环境承载能力、现有开发密度和发展潜力，统筹谋划未来人口分布、经济布局、国土利用和城镇化格局，将国土空间划分为优化开发、重点开发、限制开发和禁止开发四类，确定主体功能定位，明确开发方向，控制开发强度，规范开发秩序，完善开发政策，逐步形成人口、经济、资源环境相协调的空间开发格局。其中，优化开发区域是指国土开发密度已经较高、资源环境承载能力开始减弱的区域；重点开发区域是指资源环境承载能力较强、经济和人口集聚条件较好的区域；限制开发区域是指资源承载能力较弱、大规模集聚经济和人口条件不够好并关系到全国或较大区域范围生态安全的区域；禁止开发区域是指依法设立的各类自然保护区域。此后各个省市自治区自己出台了各级政府的主体功能区划方案。

资源有偿使用制度和生态补偿制度是资源管理的基本型经济制度。现有的制度规范普遍确立了自然资源有偿使用的法律制度，对生态补偿也有一些零散的规定。自然资源的有偿使用主要有三种形式。一是把自然资源纳入交易市场（国有建设地使用权、探矿权和采矿权），出让或者转让的价格通过市场确定。二是对占有和使用自然资源按照规定收取费用，收费高低同资源的市场价格有直接关系（如水资源、海域使用权）。三是对占有和使用自然资源征收资源税或环境税费。生态补偿制度是对无法或难以纳入市场的生态系统的服务功能进行经济补偿的制度措施，主要方式是通过对生态系统的服务功能进行核算并通过受益者付费或公共财政补贴方式进行补偿，或者是对应保护生态系统在经济上受损者给予财政补贴①。有偿使用的制度一方面覆盖的资源要素并不全面，还有相当部分的资源没有纳入有偿使用的领域，同时本应该有市场定价的资源依然由政府主导，不能反映市场的供求关系，另一方面环境资源税费的整体法律规范尚未出台，这些因素导致了资源的市场化调解无法实现，通过市场进行环境治理的目的难以完成。

4.4.2　环境评价

环境影响评价，又称环境影响质量预测评价，有狭义和广义之分。狭义上是指在一定区域内进行开发建设活动，事先对拟建项目可能对周围环境造成的影响进行调查、预测和评定，并提出防治对策和措施，为项目决策提供科学依据；广义上是指进行某项重大活动（如经济发展政策、规划，重大经济开发计划等）之前，事先对该项活动可能给环境带来的影响进行评价②。

1964 年，在加拿大召开的国际环境质量评价会议提出了"环境影响评价"的概念。环境影响评价制度最早起源于美国 1969 年的《国家环境政策法》（National Environmental Policy Act，NEPA）以法律形式规定了环境影响评价（Environmental Impact Assessment，EIA）制度，成为世界上首个确立环境影响评价法律制度的国家。目前全球有 100 多个国家均实行环境影响评价制度。我国政府层面首次接触到环境影响评价制度是 1972 年参加第一次联合国人类环境会议，在 1973 年召开的第一次全国环保工作会议上开始提出环境影响评价。1978 年国家发布了《关于加强基本建设项目前期工作内容》的文件，环境影响评价使之成为基本建设项目可行性研究报告中的重要篇章，环境影响评价第一次出现在国家法律文件之中。1979 年颁布的《环境保护法（试行）》对环境影响评价做出了具体规定，

---

① 郭永园 . 协同发展视域下的中国生态文明建设研究[M]. 北京：中国社会科学出版社,2016.

② 胡德胜 . 环境资源法学[M]. 北京：北京大学出版社,2018：303-304.

其中第 6 条第 1 款规定，一切企业、事业单位的选址、设计、建设和生产，都必须充分注意防止对环境的污染和破坏。在进行新建、改建和扩建工程时，必须提出对环境影响的报告书，经环境保护部门和其他有关部门审查批准后才能进行设计。第七条规定，在老城市改造和新城市建设中，应当根据气象、地理、水文、生态等条件，对工业区、居民区、公用设施、绿化地带等做出环境影响评价，全面规划，合理布局，防治污染和其他公害，有计划地建设成为现代化的清洁城市。这是环境影响评价第一次被国家环境保护综合性法律明确为一项法律制度。我国成为最早实施建设项目环境影响评价制度的发展中国家之一。1989 年的《环境保护法》第 13 条第 2 款规定，建设项目的环境影响报告书，必须对建设项目产生的污染和对环境的影响做出评价，规定防治措施，经项目主管部门预审并依照规定的程序报环境保护行政主管部门批准。环境影响报告书经批准后，计划部门方可批准建设项目设计任务书。第 36 条还规定了法律责任："建设项目的防治污染设施没有建成或者没有达到国家规定的要求，投入生产或者使用的，由批准该建设项目的环境影响报告书的环境保护行政主管部门责令停止生产或者使用，可以并处罚款。"此外，环境影响评价制度的主要法律依据包括：1982 年颁布的《海洋环境保护法》（第 6 条、第 9 条、第 10 条）、1984 年颁布的《水污染防治法》（第 13 条）、1987 年颁布的《大气污染防治法》（第 9 条）、1988 年颁布的《野生动物保护法》（第 11 条、第 12 条）、1998 年颁布的《建设项目环境保护管理条例》。

我国环境影响评价制度的建立和实施，对于推进产业合理布局和企业的优化选址，预防开发建设活动可能产生的环境污染和破坏，发挥了不可替代的积极作用。但是，随着经济活动范围和规模的不断扩大，区域开发、产业发展和自然资源开发利用所造成的环境影响越来越突出，特别是因有关政策和规划所造成的各种环境问题已经成为影响我国可持续发展的重大问题。因项目环境评价的制度不适应形势的发展，2002 年 10 月 28 日，第九届全国人民代表大会常务委员会第三十次会议通过了我国第一部

《环境影响评价法》，自 2003 年 9 月 1 日起施行。这是我国首次以专门立法的形式，统一规定了环境影响评价制度。对环境影响评价制度的内容和程序予以专门立法，标志着这项环境法基本法律制度正在日臻成熟。

《环境影响评价法》共 5 章 38 条，立法目的是为了实施可持续发展战略，预防因规划和建设项目实施后对环境造成的不良影响，促进经济、社会和环境的协调发展。该法对环境影响评价的概念、原则、范围、程序及法律责任等都做出了明确规定。《环境影响评价法》规定，环境影响评价的对象包括法定应当进行环境影响评价的规划和建设项目两大类，其中法定应当进行环境影响评价的规划主要是指：（1）国务院有关部门、设区的市级以上地方人民政府及其有关部门，组织编制的土地利用的有关规划，区域、流域、海域的建设、开发利用规划（第 7 条）；（2）国务院有关部门、设区的市级以上地方人民政府及其有关部门，组织编制的工业、农业、畜牧业、林业、能源、水利、交通、城市建设、旅游、自然资源开发的有关专项规划（第 8 条）。但对生态治理影响巨大的政策和计划并没有纳入环境影响评价的范围。《中国 21 世纪议程》也提出要"改革体制建立有利于可持续发展的综合决策机制"。实现生态与发展综合决策就是实现人口、资源、环境与经济协调、持续发展这一基本原则在决策层次上的具体化和制度化。通过对各级政府和有关部门及其领导的决策内容、程序和方式提出具有法律约束力的明确要求，可以确保在决策的'源头'（即拟订阶段）将生态文明建设的各项要求纳入有关的发展政策、规划和计划中去。《环境影响评价法》仅将环境影响评价限定于规划和建设项目，不仅没有涉及对我国经济社会发展发挥主要决策作用的政策环境评价做出规定，而且将规划的环境评价也限制于"土地利用的有关规划，区域、流域、海域的建设、开发利用规划"，对我国综合规划中地位最高、作用最大的"国民经济和社会发展计划"也没有纳入其中。《环境影响评价法》的配套制度方面也不断更新：2006 年发布了《环境影响评价公众参与暂行办法》，2008 年发布了新的《声环境质量标准》，《工业企业厂界环境噪声排放标准》,《社会生活环境噪声排放标准》,2009 年公布了《规划环境影响评价条例》,2012 年新发布的《环境空气质量标准》将公众关心的 PM2.5 等污染因子纳入其中。但是,作为一项新生的法律制度,《环境影响评价法》及其相关制度既存在着先天的立法缺陷,也存在环境治理情势不断变迁的现实挑战。2016 年 7 月 2 日第十二届全国人民代表大会常务委员会、2018 年 12 月 29 日第十三届全国人民代表大会常务委员会分别对《环境影响评价法》进行了两次修订。两次修订在很多方面作出了对原有制度的丰富和完善,其中一大亮点就是强化了规划环评。2016 年修改后的《环境影响评价法》规定,专项规划的编制机关需对环境影响报告书结论和审查意见的采纳情况做出说明,不采纳的,应当说明理由。这一修改将增强规划环评的有效性,规划编制机关必须对环评结论和审查意见进行响应。修改后的《环境影响评价法》规定,规划环评意见需作为项目环评的重要依据,且后续的项目环评内容的审查意见应予以简化,这也进一步体现出规划和项目之间的有效互动。这两次修改对原有法律有了很多完善之处和创新之举,但是均未对学界和实务界积极呼吁的以政策环评为核心的战略环评体系做出积极的突破。我国的战略环评实践已经覆盖了规划环评、区域战略环评和政策环评。其中,规划环评为法定要求,开展最为广泛;区域战略环评主要依赖政府推动,各地开展情况很不平衡;政策环评仅处于理论探索阶段,无论是实证研究还是理论方法研究都比较少,还没有真正参与政府决策①,与新时代对环保工作的要求和国际上的战略环评前沿还存在不小差距。中国战略环境评价的对象主要是规划,而政策以及中国特有的国民经济和社会发展规划都不在国家法定的评价范围之内。相比较而言,国外战略环评的范围比较广泛。比如,美国战略环境评价的对象不仅包括政策、规划、计划,还包括对人类环境质量具有重大影响的法律法规。根据国外战略环境评价的经验,战略层次越高,涉及的部门越

---

① 耿海清. 对新时代我国战略环评工作的思考[J]. 环境保护,2019,47(2):35-38.

多，战略环境评价的实施受到的阻力就越大。建议《环境影响评价法》应将政策、国民经济和社会发展规划纳入评价范围，尤其是我国综合规划中地位最高、作用最大的"国民经济和社会发展规划"，提高决策的科学性，实现经济社会发展与生态文明建设的"双赢"。

4.4.3　综合执法

行政执法是现代国家生态治理的主要方式和主要手段。生态系统是由不同的生态要素组成的，不同的生态要素之间互相联系。但是我国传统的生态环境行政管理体制脱胎于计划经济体制，延续了条块分割的管理方式，把生态管理的职能根据生态要素分割为不同的部门管理，没有整体性的综合管理机构和整体性的制度规范，在日常管理之中主要依据部门立法。单项性的部门立法往往是出于单一的生态要素管理的目的，而且其中必然会受制于官僚机制的部门利益的左右，不可能形成生态的整体性治理。这形成了我国生态文明建设中依赖单项性的技术性制度治理而忽视综合性治理的"路径依赖"。

党的十八大之前中央行政部门中具有生态管理职能部门大致可以分为环保职能部门（环境保护部）、资源管理部门（水利部、国土资源部、国家林业局、国家海洋局等）、综合协调部门（国家发展和改革委员会、财政部、农业部等）三种类型（见表4-5）。从生态环境执法的现状来看，生态环境执法事项散落于国土、农业、水利、海洋、林业等部门，执法领域职责交叉、权力碎片化、权责脱节等体制性障碍突出，"九龙治水"的局面长期存在，监督管理没有形成完整的体系，在一些领域衔接不畅、存在盲区，在一些领域存在多头监管、重复执法问题。环境保护部门负责环境保护与污染防治，而生态资源则分别由水利、国土、林业、大气、海洋等部门管理。这种情形被称为"九龙治水"。此外还有国家发展和改革委员会负责全国范围内的公共资源统筹、规划与配置。分割治理导致本应整体性的生态文明建设被专业化的官僚机构所割裂，政府的生态管理职能被分割给若干部门，使得环境保护职能、生态资源开发与建设职能、生态规划职能分割运行，部门之间分工有余、合作不足。《环境保护法》第十条规定"国务院环境保护主管部门，对全国环境保护工作实施统一监督管理"，明确了环境保护主管部门的统一监督管理职权，为实施生态的统一监督管理奠定了制度基础，但是在实践中，一方面环保部门并未获得相应的"统管"、协调的权力，即环保部门与其他部门行政等级相同，无权进行指导与监管；另一方面不同的生态部门赋予各自资源管理部门以主管地位。

表 4-5　生态行政职能概况

部门	主要职责
环境保护部门	行政管理职能：重大环境问题的统筹协调和监督管理，环境污染和环境破坏预防、控制和监督管理，生态保护工作指导、协调、监督，核安全和辐射安全的监督管理 资产管理职能：排污权交易
水利部门	行政管理职能：水资源统一规划和管理，水资源保护和水土保持的规划和管理 资产管理职能：取水许可管理和水资源费征收管理，水价管理，水权交易
国土资源部门	行政管理职能：土地用途管理和更低保护（特别是基本农田保护），地质勘探，采矿选矿等开发活动的监督管理，地质环境保护和矿山生态环境修复等 资产管理职能：国有和集体土地产权登记和证书核发，集体土地征收，建设用地出让转让，探矿权、采矿权登记和证书核发，探矿权、采矿权的出让和转让
发展与改革部门	行政管理职能：区域规划和管理，主体功能区规划和管理，循环经济发展、气候变化应对、节能减排等方面的规划和政策实施，土地、资源环境保护等规划编制的协调和审查管理 资产管理职能：资源价格管理，碳权交易
林业部门	行政管理职能：森林湿地生态系统和野生动植物保护和管理，沙漠化防治等 资产管理职能：林权登记和核发，农村林地承包经营合同管理，国有领地和森林资源管理

续表

部门	主要职责
海洋部门	行政管理职能：海洋功能区划，海域使用，海岛保护和海洋环境调查、监测、监督管理，海洋资源保护，海洋工程污染防治 资产管理职能：海域使用权登记和核发证书，海域使用权审批和出让，海域使用金征收和管理，无居住海岛使用权出让及使用金征收管理
建设部门	行政管理职能：污水处理厂、垃圾处理厂等城市环境基础设施规划、建设和管理，建筑和工程施工环境污染防治，风景名胜区管理 资产管理职能：房地产登记，自来水水价和污水处理费。
农业部门	行政管理职能：耕地保护，农业生态环境监测和管理，农业生态建设和农业废弃物循环利用，草原生态和水生态系统保护 资产管理职能：农村土地承包经营合同管理，渔业资源管理
交通部门	行政管理职能：铁路机车、机动车船、民用航空器的环境污染 资产管理职能：道路工程用地征收管理

资料来源：中央各部门网站

党的十八届三中全会《中共中央关于全面深化改革若干重大问题的决定》明确要求，整合执法主体，相对集中执法权，推进综合执法，着力解决权责交叉、多头执法问题，加强食品药品、安全生产、环境保护、劳动保障、海域海岛等重点领域基层执法力量①。党的十八届四中全会《中共中央关于全面推进依法治国若干重大问题的决定》明确要求，推进综合执法，大幅减少市县两级政府执法队伍种类，重点在食品药品安全、工商质检、公共卫生、安全生产、文化旅游、资源环境、农林水利、交通运输、城乡建设、海洋渔业等领域内推行综合执法，有条件的领域可以推行跨部门综合执法②。党的十八届三中、四中全会将深化行政体制改革作为全面

① 习近平．中共中央关于全面深化改革若干重大问题的决定[N]. 人民日报，2013-11-16(1).

② 习近平．中共中央关于全面推进依法治国若干重大问题的决定[N]. 人民日报，2014-10-29(1).

深化改革、全面推进依法治国的重要举措，提出新要求，作出新部署，生态环境成为其中的重要议题，生态环境综合执法改革呼之欲出。党的十九届三中全会着眼于党和国家事业发展全局，对深化党和国家机构改革作出具体部署，强调深化行政执法体制改革。要求统筹配置行政处罚职能和执法资源，相对集中行政处罚权，整合精简执法队伍，解决多头多层重复执法问题。要求组建生态环境保护综合行政执法队伍，整合环境保护和国土、农业、水利、海洋等部门相关污染防治和生态保护执法职责及队伍，统一实行生态环境保护执法。党的十九届三中全会审议通过了《中共中央关于深化党和国家机构改革的决定》（以下简称《决定》）。该《决定》明确指出，"深化党和国家机构改革是推进国家治理体系和治理能力现代化的一场深刻变革"。针对我国机构编制科学化不足，一些领域权力运行制约和监督机制不够等问题，该《决定》坚持优化协同高效原则，强调优化机构设置和职能配置。这次国务院机构改革，新组建自然资源部、生态环境部、国家林业和草原局，体现了一类事项原则上由一个部门统筹、一件事情原则上由一个部门负责的原则要求，可以避免政出多门、责任不明、推诿扯皮；可以减少多头管理，减少职责分散交叉，提高管理效能。根据党的十九届三中全会审议通过的《中共中央关于深化党和国家机构改革的决定》《深化党和国家机构改革方案》和第十三届全国人民代表大会第一次会议批准的《国务院机构改革方案》组建自然资源部。自然资源部的组建是为统一行使全民所有自然资源资产所有者职责，统一行使所有国土空间用途管制和生态保护修复职责，着力解决自然资源所有者不到位、空间规划重叠等问题，将国土资源部的职责，国家发展和改革委员会的组织编制主体功能区规划职责，住房和城乡建设部的城乡规划管理职责，水利部的水资源调查和确权登记管理职责，农业部的草原资源调查和确权登记管理职责，国家林业局的森林、湿地等资源调查和确权登记管理职责，国家海洋局的职责，国家测绘地理信息局的职责整合，作为正部级的国务院组成部门，同时对外保留国家海洋局牌子。根据党的十九届三中全会审议通过的《中共中央关于深化党和国家机构改革的决定》《深化党和国家机构改革方案》和第十三届全国人民代表大会第一次会议批准的《国务院机构改革方案》组建生态环境部。生态环境部的组建是为了整合分散的生态环境保护职责，统一行使生态和城乡各类污染排放监管与行政执法职责，加强环境污染治理，保障国家生态安全，建设美丽中国。生态环境部整合了原环境保护部的职责，国家发展和改革委员会的应对气候变化和减排职责，国土资源部的监督防止地下水污染职责，水利部的编制水功能区划、排污口设置管理、流域水环境保护职责，农业部的监督指导农业面源污染治理职责，国家海洋局的海洋环境保护职责，国务院南水北调工程建设委员会办公室的南水北调工程项目区环境保护职责整合，作为正部级的国务院组成部门。生态环境部对外保留国家核安全局牌子。根据党的十九届三中全会审议通过的《中共中央关于深化党和国家机构改革的决定》《深化党和国家机构改革方案》和第十三届全国人民代表大会第一次会议批准的《国务院机构改革方案》组建国家林业和草原局。国家林业和草原局组建是将国家林业局的职责，农业部的草原监督管理职责，以及国土资源部、住房和城乡建设部、水利部、农业部、国家海洋局等部门的自然保护区、风景名胜区、自然遗产、地质公园等管理职责整合。组建后的国家林业和草原局，将由自然资源部管理；国家林业和草原局加挂国家公园管理局牌子；森林防火职责划分给应急管理部；国家林业局的森林、湿地等资源调查和确权登记管理职责上交自然资源部。

4.5 管人制度

4.5.1 领导干部

领导干部是生态文明建设主体中的"关键少数"。实践证明，生态环境保护能否落到实处，关键在领导干部。一些重大生态环境事件背后，有领导干部不负责任、不作为的问题，有一些地方环保意识不强、履职不到位、执行不严格的问题,有环保有关部门执法监督作用发挥不到位、强制力不够的问题。新时代生态文明建设要与全面从严治党伟大工程有机融合,通过制度建设抓好领导干部这个关键少数,打造一支生态环境保护铁军。通过建立领导干部任期生态文明建设责任制,实行自然资源资产离任审计,认真贯彻依法依规、客观公正、科学认定、权责一致、终身追究的原则。各级党委和政府要切实重视、加强领导,纪检监察机关、组织部门和政府有关监管部门要各尽其责、形成合力。一旦发现需要追责的情形,必须追责到底,绝不能让制度规定成为没有牙齿的老虎①。 这也是在生态法治领域坚持党的领导,党保证执法、支持司法的具体体现。党的领导是中国特色社会主义最本质的特征,是社会主义法治最根本的保证。保证执法是确保体现党的意志和人民利益的法律正确实施的关键。党委及其政法委要带头在宪法法律范围内活动,为独立公正司法创造良好的制度环境和社会环境,支持司法机关依法独立公正行使司法权②。

在新时代绿色治理中对领导干部的制度规范上,重点在于改革创新党政干部的考核、评价、奖惩制度和办法是组织领导生态化的重要内容。传统的党员干部考核条例围绕经济建设的中心确立,因而就对生态环境方面的指标体系关注不够,更不可能将其作为统领地位的考核指标。考核体系是党员干部行为的指南针,使得生态环境指标在组织决策的约束作用有限。改革党员干部考核条例,将生态文明具体指标纳入考核条例,而且要置于同等重要的地位,实现考核模式的根本转变,即生态化的转向。

2015 年党中央颁布了《党政领导干部生态环境损害责任追究办法(试行)》,其中第三条规定:"地方各级党委和政府对本地区生态环境和资源保护负总责,党委和政府主要领导成员承担主要责任,其他有关领导成员

---

① 习近平. 推动形成绿色发展方式和生活方式 为人民群众创造良好生产生活环境[N]. 人民日报,2017-5-28(1).

② 张文显. 习近平法治思想研究(中):习近平法治思想的一般理论[J]. 法制与社会发展,2016,22(3):5-37.

在职责范围内承担相应责任。"①该规定首次明确了在生态文明建设中，党政同责的原则，改变了以往以"问责政府"为主的生态治理政治责任模式，开启了党政综合治理的"双领导制"模式。党政同责的模式是新时代党治国理政的重要经验之一，缘起于2013年习近平总书记指出要强化各级党委和政府的安全监管职责，要求党政同责、一岗双责、齐抓共管，由此开启了公共治理领域的党政同责制度化建设。经过实践，党政同责制度取得了积极的效果，随后便被引入了脱贫攻坚以及环境保护领域。党政同责包括两层含义：一是职责层面的，即党委和政府共同负责；二是责任层面的，即党委和政府要共同承担责任②。为落实生态文明建设的党政同责，近年来各省市纷纷成立了党委书记和政府负责人共同担任组长的生态环境保护委员会。"双组长制"的生态环境委员会旨在以贯彻落实党中央、国务院关于生态文明建设和生态环境保护工作的重大决策部署，统筹协调各地区生态环境保护工作重大问题，强化综合决策，形成工作合力，推进各地区生态文明建设和生态环境保护工作进一步开展。各地生态环境保护委员会由党委书记、地方政府负责人任主任，常务副省（市）长、分管副省（市）长任副主任，负有生态环境保护职责的部门及有关单位、组织、机构主要负责同志为成员。委员会办公室设在生态环境厅（局）。生态环境保护委员会的成立，对于进一步落实生态环境保护"党政同责""一岗双责"，统筹协调生态环境保护重大问题，深化生态环境保护体制机制改革，完善生态环境保护工作体系，构建"大生态、大环保"工作格局，将起到积极的推动和保障作用。

2016年12月中共中央办公厅、国务院办公厅印发《生态文明建设目标评价考核办法》，这是我国首次建立生态文明建设目标评价考核制度。

① 《党政领导干部生态环境损害责任追究办法（试行）》[EB/OL]. http://www.gov.cn/zhengce/2015-08/17/content_2914585.htm, 2020-1-19.
② 梁忠. 从问责政府到党政同责：中国环境问责的演变与反思[J]. 中国矿业大学学报（社会科学版），2018（1）：42-50.

考核办法指出，生态文明建设目标评价考核在资源环境生态领域有关专项考核的基础上综合开展，采取评价和考核相结合的方式。年度评价以绿色发展指标体系为参照，主要评估各地区资源利用、环境治理、环境质量、生态保护、增长质量、绿色生活、公众满意程度等方面的变化趋势和动态进展，生成各地区绿色发展指数。年度评价结果纳入目标考核。目标考核内容主要包括国民经济和社会发展规划纲要中确定的资源环境约束性指标，以及党中央、国务院部署的生态文明建设重大目标任务完成情况。目标考核采用百分制评分和约束性指标完成情况等相结合的方法，结果划分为优秀、良好、合格、不合格四个等级。考核优秀地区将受到通报表扬，考核不合格地区将被通报批评。对于生态环境损害明显、责任事件多发的地区，党政主要负责人和相关负责人将被追究责任。

2019 年 4 月，中共中央办公厅印发《党政领导干部考核工作条例》，生态文明建设进入领导班子考核内容。与 1998 年中组部印发的《党政领导干部考核工作暂行规定》相比，《党政领导干部考核工作条例》在考核内容方面，生态文明建设、生态环境保护所占分量大大增加。《党政领导干部考核工作暂行规定》中，只在对地方县以上党委、政府领导班子的工作实绩的考核中，将环境与生态保护及科教、卫生等一并纳入考核内容。在对领导班子工作实绩的考核中，《党政领导干部考核工作条例》指出，考核地方党委和政府领导班子的工作实绩，应当看全面工作，看推动本地区经济建设、政治建设、文化建设、社会建设、生态文明建设，解决发展不平衡不充分问题，满足人民日益增长的美好生活需要的情况和实际成效。

4.5.2 环保铁军

2018 年 5 月 19 日，习近平总书记在出席全国生态环境保护大会时指出，"要建设一支生态环境保护铁军，政治强、本领高、作风硬、敢担当，特别能吃苦、特别能战斗、特别能奉献。打好污染防治攻坚战，是得罪人的事。各级党委和政府要关心、支持生态环境保护队伍建设，主动为敢干事、能干事的干部撑腰打气"①。

2018 年 5 月，湖南省环保厅率先出台《关于进一步加强党的建设打造湖南生态环境保护铁军的意见》，作为全省生态环境保护系统队伍建设的纲领性文件。这是全国各省市区中第一个关于环保铁军建设的制度性文件。该文件力求深入贯彻习近平生态文明思想，制定了五个方面三十条具体措施，从坚持和加强党的全面领导、提升队伍综合能力素质、牢固树立以人民为中心思想、牢记初心使命激发创新活力、建立健全激励机制压实责任这五个方面出发，打造一支政治强、本领高、作风硬、敢担当的湖南生态环境保护铁军。

2019 年 1 月 18 日，生态环境部时任部长李干杰在全国生态环境保护工作会议上指出从五个方面加强环保铁军的建设。一是要强化政治建设和思想建设，深入学习习近平生态文明思想，推进"两学一做"学习教育常态化制度化。二是加强基层组织建设，完善全面从严治党责任书制度。三是推进领导班子和干部队伍建设，落实《中共中央办公厅关于进一步激励广大干部新时代新担当新作为的意见》，完善组织纪检部门动议干部信息沟通机制。四是深入推进作风建设，印发贯彻落实中央八项规定实施细则的实施办法，及时通报典型案例。按月调度"回头看"整改情况，每逢节假日等重要节点进行教育提醒。五是加强纪律建设，制定生态环境部巡视工作五年规划，出台《生态环境部党组巡视工作办法》②。

2019 年 6 月，中共中央办公厅、国务院办公厅为了规范生态环境保护督察工作，压实生态环境保护责任，推进生态文明建设，建设美丽中国，根据《中共中央、国务院关于全面加强生态环境保护坚决打好污染防治攻坚战的意见》《中华人民共和国环境保护法》等要求，制定了《中央生态环境保护督察工作规定》。《中央生态环境保护督察工作规定》是我国

---

① 习近平. 推动我国生态文明建设迈上新台阶[J]. 求是,2019(3):4-19.

② 生态环境部部长在 2020 年全国生态环境保护工作会议上的讲话[EB/OL]. http://www.mee.gov.cn/xxgk2018/xxgk/xxgk15/202001/t20200118_760088.html,2020-1-20.

生态环境保护领域的第一部党内法规。2015 年 8 月，中央深化改革小组第十四次会议审议通过了《环境保护督察方案（试行）》，提出建立环保督察工作机制，严格落实环境保护主体责任等有力措施，推进落实党政同责和一岗双责。《中央生态环境保护督察工作规定》是对《环境保护督察方案（试行）》的修订和完善，更加强调督察工作要坚持和加强党的全面领导、更加突出纪律责任、完善了督察的顶层设计，成为推进新时代生态文明建设以及生态铁军建设的重要法律制度。

2020 年 1 月，生态环境部召开了生态环境保护铁军建设推进会议，并专门出台了《关于加强生态环境保护铁军建设的意见》，对打造生态环保铁军作出了具体的安排和部署。会议指出，污染防治攻坚战取得关键进展，生态环境质量总体改善，正是得益于生态铁军的拼搏努力。环保铁军建设首先是要提高政治站位，坚决扛起生态环境保护的历史责任。加强政治建设，增强"四个意识"，坚定"四个自信"，做到"两个维护"。强化思想引领，深入学习贯彻习近平生态文明思想、全国生态环境保护大会精神以及党的十九届四中全会精神，不折不扣地将中央关于生态文明建设和生态环境保护的决策部署落到实处，切实用习近平新时代中国特色社会主义思想武装头脑，指导实践，推动工作。其次，环保铁军建设要实现党建和业务融合，切实提高铁军战斗力。着眼生态环境保护事业需要，立足于打好污染防治攻坚战，积极推进党建和业务工作深度融合，在落实任务中锻炼能力，在破解难题中提高水平，在重大行动中培养意志品质。再次，环保铁军建设要狠抓作风建设，营造风清气正的干事环境。守土有责、守土负责、守土尽责。打好污染防治攻坚战是系统工程，须共同施策，同向发力，主动作为，不断提高履职能力。充分发挥排头兵、领头雁的表率作用，带头担当作为，更要从榜样和先进中汲取力量，笃定前行。

之后，各地方相继出台了《关于进一步扛起政治责任激励担当作为打造生态环境保护铁军的实施意见》的地方性制度文件，践行习近平新时代中国特色社会主义思想和习近平生态文明思想，进一步扛起打好污染防治攻坚战，推动全省生态文明建设的政治责任，调动和激发全省生态环境系统干部队伍的积极性、主动性、创造性。各省市的《实施意见》通过强化政治担当、加强党组织建设、加强思想教育、严守政治纪律和政治规矩等方面措施，明确了打造生态环保铁军的主要任务和基本途径。坚持以上率下，抓住领导干部这个"关键少数"，各级领导班子以身作则，上下联动，层层传导压力，合力打造铁军；坚持全面过硬，以政治为先，抓好干部的教育培训、岗位锻炼、选拔任用、容错纠错、纠风肃纪等各个环节，抓好机关、督察、监测、执法等队伍，确保生态环境干部队伍信念、政治、责任、能力、作风全面过硬；坚持问题导向，针对当前干部队伍建设中存在的问题和不足，找准症结、对症下药，用切实有效的举措解决问题，补齐短板；坚持严管厚爱，既要求干部严格按党的原则纪律规矩办事，又注重激励约束、工作支持和关心关爱，减少担当作为后顾之忧。

吉林省生态环境厅于 2020 年还专门成立了"环保铁军建设领导小组"，督导各级生态环境部门的具体工作，各级领导班子负责人是第一责任人。同时，将铁军建设作为考核评价领导班子与领导干部，特别是"一把手"的重要依据，要求各级生态环境部门结合本单位实际制定打造生态环保铁军的具体措施。省生态环境厅将在人才培训、执法装备配备等方面向基层予以倾斜，对先进单位和先进个人进行表彰，对工作推进缓慢、成效不明显的单位和考核不达标的单位与个人要进行通报批评。

4.5.3 生态公民

习近平总书记指出，"生态文明是人民群众共同参与共同建设共同享有的事业，每个人都是生态环境的保护者、建设者、受益者"[①]。共同参与共同建设突出的是人民在国家生态治理中的共治主体地位，共同享有则凸显的是人民在生态文明建设成果分配中的中心地位。共同参与共同建设是现代国家生态治理的重要特征之一，人民群众或者是以个体的形式或者

---

① 习近平 . 推动我国生态文明建设迈上新台阶[J]. 求是,2019(3):4-19.

是以组织的形式"有序地"参与生态治理能实现公共生态决策民主性和科学性的有机统一。人民中心的治理理念还体现为生态治理的成果由人民共享，坚持良好生态环境是最普惠的民生福祉，通过全面推进现代国家生态治理，提供更为优质更为公平的公共生态产品，增强民众的生态获得感。

环境保护公众参与是指公民、法人和其他组织自觉自愿参与环境立法、执法、司法、守法等事务以及与环境相关的开发、利用、保护和改善等活动。公众参与环境保护是维护和实现公民环境权益、加强生态文明建设的重要途径。积极推动公众参与环境保护，对创新环境治理机制、提升环境管理能力、建设生态文明具有重要意义。推动公众依法有序参与环境保护，是党和国家的明确要求，也是加快转变经济社会发展方式和全面深化改革步伐的客观需求。党的十八大报告明确指出，"保障人民知情权、参与权、表达权、监督权，是权力正确运行的重要保证"。新修订的《环境保护法》在总则中明确规定了"公众参与"原则，并对"信息公开和公众参与"进行专章规定。中共中央、国务院《关于加快推进生态文明建设的意见》中提出要"鼓励公众积极参与。完善公众参与制度，及时准确披露各类环境信息，扩大公开范围，保障公众知情权，维护公众环境权益"。

我国公众参与生态治理的法律法规已经初步建立。2006 年，国内环保领域第一部公众参与的规范性文件《环境影响评价公众参与暂行办法》发布，为国内公众参与建设项目环评提供了法律依据和途径。2014 年为深入贯彻落实党的十八大和十八届三中全会精神，进一步推进公众参与环境保护工作的健康发展，环境保护部出台了《关于推进环境保护公众参与的指导意见》（以下简称《意见》）。主要内容包括：一是加强宣传动员。广泛动员公众参与环境保护事务，推动电视、广播、报纸、网络和手机等媒体积极履行环境保护公益宣传社会责任，使公众依法、理性、有序参与环保事务。二是推进环境信息公开。完善环境信息发布机制，细化公开条目，明确公开内容。通过政府和环境保护行政主管部门门户网站、政务微博、报刊、手机报等权威信息发布平台和新闻发布会、媒体通气会等便于公众知晓的方式，及时、准确、全面地公开环境管理信息和环境质量信息，积极推动企业环境信息公开。三是畅通公众表达及诉求渠道。建设政府、企业、公众三方对话机制，支持环保社会组织合法、理性、规范地开展环境矛盾和纠纷的调查和调研活动，对其在解决环境矛盾和纠纷过程中所涉及的信息沟通、对话协调、实施协议等行为，提供必要的帮助。四是完善法律法规。建立健全环境公益诉讼机制，明确公众参与的范围、内容、方式、渠道和程序，规范和指导公众有序参与环境保护。制定和采取有效措施保护举报人，避免举报人遭受打击报复。五是加大对环保社会组织的扶持力度。在通过项目资助、政府向社会组织购买服务等形式促进环保社会组织参与环境保护的同时，对环保社会组织及其成员进行专业培训，提升其公益服务意识、服务能力和服务水平。积极支持环保社会组织开展环境保护宣传教育、咨询服务、环境违法监督和法律援助等活动，鼓励他们为完善环保法律法规和政策制定积极建言献策。该《意见》还明确，公众参与的重点领域包括环境法规和政策制定、环境决策、环境监督、环境影响评价、环境宣传教育等。同时要求各级环保部门加强组织领导，对负责环境保护公众参与的人员开展业务培训，建立健全相关制度，完善考核、检查等工作措施，加强政府各部门间的合作联动，确保环境保护公众参与工作健康发展。

2015年7月，环境保护部发布了《环境保护公众参与办法》（以下简称《办法》），作为新修订的《环境保护法》的重要配套细则，切实保障公民、法人和其他组织获取环境信息、参与和监督环境保护的权利，畅通参与渠道，规范引导公众依法、有序、理性参与，促进环境保护公众参与更加健康地发展。该《办法》共20条，主要内容依次为：立法目的和依据，适用范围，参与原则，参与方式，各方主体权利、义务和责任，配套措施。《办法》以新修订的《环境保护法》第五章"信息公开和公众参与"为立法依据，吸收了《环境影响评价法》《环境影响评价公众参与暂行办法》《环境保护行政许可听证暂行办法》等有关规定，参考了我国过去出台的有关文件和指导意见，借鉴了部分地方省市已经出台的有关法规、规章，较好地反映了我国环境保护公众参与的现状，制定的各项内容切合实际，具有较强的可操作性。《办法》明确规定了环境保护主管部门可以通过征求意见、问卷调查，组织召开座谈会、专家论证会、听证会等方式开展公众参与环境保护活动，并对各种参与方式做了详细规定，贯彻和体现了环保部门在组织公众参与活动时应当遵循公开、公平、公正和便民的原则。《办法》支持和鼓励公众对环境保护公共事务进行舆论监督和社会监督，规定了公众对污染环境和破坏生态行为的举报途径，以及地方政府和环保部门不依法履行职责的，公民、法人和其他组织有权向其上级机关或监察机关举报。为调动公众依法监督举报的积极性，《办法》要求接受举报的环保部门，要保护举报人的合法权益，及时调查情况并将处理结果告知举报人，并鼓励设立有奖举报专项资金。《办法》强调环保部门有义务加强宣传教育工作，动员公众积极参与环境事务，鼓励公众自觉践行绿色生活，树立尊重自然、顺应自然、保护自然的生态文明理念，形成共同保护环境的社会风尚。《办法》还提出，环保部门可以对环保社会组织依法提起环境公益诉讼的行为予以支持，可以通过项目资助、购买服务等方式，支持、引导社会组织参与环境保护活动，广泛凝聚社会力量，最大限度地形成治理环境污染和保护生态环境的合力①。在地方立法层面，2005年至2011年，沈阳、山西、昆明等先后出台环保公众参与办法，为当地公众参与环保提供了具体指南。河北省还于2014年发布了全国首个环境保护公众参与地方性法规《河北省公众参与环境保护条例》。

公众参与生态治理的前提基础是环境信息公开制度。自2008年《政府信息公开条例》和《环境信息公开办法（试行）》实施以来，国家环境信息公开制度建设不断取得新进展，2013年以来更是进入快速发展阶段。

① 环境保护部解读《环境保护公众参与办法》[EB/OL]. 环境保护部解读《环境保护公众参与办法》, http://www.mee.gov.cn/gkml/sthjbgw/qt/201507/t20150721_306985.htm, 2015-7-22.

2015 年起施行的新《环境保护法》历史性地对"信息公开和公众参与"作了专章规定，国家先后密集出台了大量政策文件，包括《建设项目环境影响评价政府信息公开指南（试行）》《国家重点监控企业自行监测及信息公开办法（试行）》《国家重点监控企业污染源监督性监测及信息公开办法（试行）》《企业事业单位环境信息公开办法》《环境影响评价公众参与办法》等，对具体关键领域的信息公开工作做出明确规定。2018 年初发布的《排污许可管理办法》，对持有排污许可证的企业及许可证核发环保部门都提出了明确的信息公开要求。

环保社会组织是我国生态文明建设和绿色发展的重要力量，是公众参与的主要渠道。2010 年，原环境保护部发布《关于培育引导环保社会组织有序发展的指导意见》，提出培育引导环保社会组织有序发展的原则、目标和路径。2017 年 3 月，环境保护部、民政部联合印发《关于加强对环保社会组织引导发展和规范管理的指导意见》（以下简称《指导意见》），旨在加大对环保社会组织的扶持力度和规范管理，做好环保社会组织工作，进一步发挥环保社会组织的号召力和影响力，使其成为环保工作的同盟军和生力军，推动形成多元共治的环境治理格局。该《指导意见》要求各级环保部门、民政部门要高度重视环保社会组织工作，明确了指导思想、基本原则和总体目标，提出到 2020 年，在全国范围内建立健全环保社会组织有序参与环保事务的管理体制，基本建立政社分开、权责明确、依法自治的社会组织制度，基本形成与绿色发展战略相适应的定位准确、功能完善、充满活力、有序发展、诚信自律的环保社会组织发展格局。《指导意见》提出四项主要任务，一是做好环保社会组织登记审查；二是完善环保社会组织扶持政策；三是加强环保社会组织规范管理；四是推进环保社会组织自身能力建设；同时明确了环保部门、民政部门的职责，并指出要通过建立工作机制、规范服务管理、加强宣传引导，做好《指导意见》的组织实施。

5 严格施法

习近平总书记指出，法律的生命力在于实施，如果有了法律而不实施，或者实施不力，搞得有法不依、执法不严、违法不究，那制定再多法律也无济于事[①]。生态治理制度的实施包括生态执法和生态司法两个方面，其中生态执法是生态治理制度实施的主要环节，生态司法是确保生态正义的最后一道防线。党的十八大以来，我国生态执法和生态司法均有了较大幅度的提升，综合生态执法体系初步建立，生态执法的力度不断加大、手段日趋丰富、效能稳步提升；适合中国国情的生态司法体制基本建立，生态司法专业化正在稳步推进。但生态执法和司法机关人员配置和责任承担不匹配、工作人员的专业化水平较低、职务晋升激励机制不足、生态执法和生态司法尤其是与刑事法律衔接不足等问题依然存在，影响着现代国家生态治理效能的充分发挥。在《生态文明体制改革总体方案》等顶层设计制度安排中已经对相关问题进行了原则性规定，未来政府生态治理能力的提升需要通过立法和行政体制改革将顶层设计具体化，最大限度地降低政策性内耗，实现政府部门权责合理划分以及部门权力、责任与能力的匹配。

5.1 行政体制

生态文明体制又称生态文明治理体系，是指推进生态文明建设所需的

---

①中共中央文献研究室.习近平关于全面依法治国论述摘编[M].北京：中央文献出版社,2015:57.

各种基础性、常态化的支撑条件和保障体系的总和，是国家治理体系的一部分。它由生态文明建设制度体系、组织体系和实施机制构成，分别解决生态文明建设中的动力、主体和途径问题，即生态文明体制要为生态文明建设提供动力来源（通过法治和伦理要求等形式明确目标和任务），确保有人员和机构来担当工作（机构改革），并为这些人员和机构的执行行动授予合法可行的权威和权力（有责、有权、有钱）①。党的十八大以来，以习近平同志为核心的党中央高度重视生态文明建设，特别强调要积极推动生态文明体制改革。习近平总书记就生态文明体制改革做出了多项批示，发表了系列重要讲话。中央全面深化改革领导小组多次讨论数十项生态文明体制改革专项方案。以此为基础，形成了习近平生态文明体制改革的重要论述，创立了"生态文明体制改革""生态文明机制设计""生态文明制度建设"等一系列主要范畴。

5.1.1 总体方案

2015年9月11日召开的中共中央政治局会议，审议通过了《生态文明体制改革总体方案》。这个方案是生态文明领域改革的顶层设计和部署，改革要遵循"六个坚持"，搭建好基础性制度框架，全面提高我国生态文明建设水平。会议强调，推进生态文明体制改革要坚持正确方向，坚持自然资源资产的公有性质，坚持城乡环境治理体系统一，坚持激励和约束并举，坚持主动作为和国际合作相结合，坚持鼓励试点先行和整体协调推进相结合。

应当强调的是《生态文明体制改革总体方案》不是一个文件，而是一组文件，即"1+6"。"1"是《生态文明体制改革总体方案》，"6"是包括环境保护督察方案（试行）、生态环境监测网络建设方案、开展领导干部自然资源资产离任审计的试点方案、党政领导干部生态环境损害责任追究办法（试行）、编制自然资源资产负债表试点方案、生态环境损害赔偿制

---

① 常纪文.《生态文明体制改革总体方案》解读[N]. 中国环境报,2015-9-15(2).

度改革试点方案等六个方面的配套政策。总体方案的主要内容分 10 个部分，共 56 条，其中 47 条是改革的任务和举措。全部内容可以用 6+6+8 概括，一个"6"是 6 大理念，另一个"6"是 6 项原则，"8"是 8 项支柱或 8 个制度。6 大理念是尊重自然、顺应自然、保护自然，发展和保护统一，绿水青山就是金山银山，自然价值和自然资本，均衡空间，山水林田湖是生命共同体；6 项原则是坚持正确方向，自然资源公有，城乡环境治理体系统一，激励和约束并举，主动行为和国际合作结合，试点先行与整体推进结合；8 项制度是自然资源资产产权制度，国土开发保护制度，空间规划体系，资源总量管理和节约制度，资源补偿使用和生态补偿制度，环境治理体系，环境治理和生态保护的市场体系，绩效考核和责任追究制度。

《生态文明体制改革总体方案》明确提出了新时代生态文明体制改革的六大理念。（1）树立尊重自然、顺应自然、保护自然的理念。生态文明建设不仅影响经济持续健康发展，也关系政治和社会建设，必须放在突出地位，融入经济建设、政治建设、文化建设、社会建设各方面和全过程。（2）树立发展和保护相统一的理念。坚持发展是硬道理的战略思想，发展必须是绿色发展、循环发展、低碳发展，平衡好发展和保护的关系，按照主体功能定位控制开发强度，调整空间结构，给子孙后代留下天蓝、地绿、水净的美好家园，实现发展与保护的内在统一、相互促进。（3）树立绿水青山就是金山银山的理念。清新空气、清洁水源、美丽山川、肥沃土地、生物多样性是人类生存必需的生态环境，坚持发展是第一要务，必须保护森林、草原、河流、湖泊、湿地、海洋等自然生态。（4）树立自然价值和自然资本的理念。自然生态是有价值的，保护自然就是增值自然价值和自然资本的过程，就是保护和发展生产力，就应得到合理回报和经济补偿。（5）树立空间均衡的理念。把握人口、经济、资源环境的平衡点推动发展，人口规模、产业结构、增长速度不能超出当地水土资源承载能力和环境容量。（6）树立山水林田湖是一个生命共同体的理念。按照生态系统的整体性、系统性及其内在规律，统筹考虑自然生态各要素、山上山下、地上地下、陆地海洋以及流域上下游，进行整体保护、系统修复、综合治理，增强生态系统循环能力，维护生态平衡。

生态文明体制改革的目标是到 2020 年，构建起由自然资源资产产权制度、国土空间开发保护制度、空间规划体系、资源总量管理和全面节约制度、资源有偿使用和生态补偿制度、环境治理体系、环境治理和生态保护市场体系、生态文明绩效评价考核和责任追究制度等八项制度构成的产权清晰、多元参与、激励约束并重、系统完整的生态文明制度体系，推进生态文明领域国家治理体系和治理能力现代化，努力走向社会主义生态文明新时代。

5.1.2　现实进展

《生态文明体制改革总体方案》设定了生态立法的重点领域：自然资源资产产权制度、国土空间开发保护制度、空间规划体系、资源总量管理和全面节约制度、资源有偿使用和生态补偿制度、环境治理体系、环境治理和生态保护市场体系、生态文明绩效评价考核和责任追究制度等八项制度①。选取这八大领域作为生态法制建设的重点领域是习近平总书记为核心的党和中央在综合考虑国情世情党情的基础上做出的战略选择，以重点突破带动全局发展，通过四梁八柱的制度创设搭建社会主义生态法治大厦。中国生态法治建设近四十年来，生态立法蓬勃发展，先后制定并实施环境保护专门性法律 30 余部，出台行政法规 90 余部，部门规章 600 多部，国家环境标准近 1500 项。初步解决了生态环境保护有法可依的问题，建立起相当规模的生态法律体系。宪法是国家的根本法，是治国安邦的总章程，是全面依法治国的总依据，在党和国家事业发展中发挥着极为重要、独特的作用。依法治国，首先是依宪治国。将生态文明建设的基本理念融入宪法之中是生态法治体系建设的关键举措。党的十九大通过的《中国共产党章程（修正案）》，再次强化"增强绿水青山就是金山银山的意识"。"生态文明"在 2018 年通过了《中华人民共和国宪法修正案》被

---

① 中共中央国务院 . 生态文明体制改革总体方案》[N]. 经济日报,2015–9–22(2).

写入《中华人民共和国宪法》（以下简称《宪法》）。《宪法》第七自然段中将"推动物质文明、政治文明和精神文明协调发展，把我国建设成为富强、民主、文明的社会主义国家"修改为"推动物质文明、政治文明、精神文明、社会文明、生态文明协调发展，把我国建设成为富强民主文明和谐美丽的社会主义现代化强国，实现中华民族伟大复兴"。《宪法》第八十九条第六项国务院行使下列职权由"（六）领导和管理经济工作和城乡建设"修改为"（六）领导和管理经济工作和城乡建设、生态文明建设"。修改后两个条文与《宪法》第九条、第十条、第二十六条等条款构成了《宪法》中的"生态条款"。生态文明入宪的体系性功能包括三个方面，即生态观的宪法表达，生态制度的宪法安排以及生态权利的宪法保障。这将观念变革与制度建构相结合，将人的美好生活诉求与对生态的基本尊重相结合，以满足人、国家与生态三者的最大利益为目标，从而实现宪法在生态领域对于国家发展与公民需求之间规范的系统保障功能。生态文明正式写入国家根本法，实现了党的主张、国家意志、人民意愿的高度统一[①]。生态文明写入宪法尤其是将美丽作为了社会主义强国的定语，成为社会主义中国的政治宣言，为新时代中国特色社会主义建设明确了方向，作为治国安邦总章程将成为国家发展所必须遵循的基本纲领，在根本方略上避免重蹈"生态衰而文明衰"的覆辙。

党的十八大以来，以习近平同志为核心的党中央加快推进生态文明顶层设计和制度体系建设，相继出台《关于加快推进生态文明建设的意见》《生态文明体制改革总体方案》，制定实施 40 多项涉及生态文明建设的改革方案，深入实施大气、水、土壤污染防治三大行动计划，从总体目标、基本理念、主要原则、重点任务、制度保障等方面对生态文明建设进行全面系统部署安排。生态文明建设目标评价考核、自然资源资产离任审计、生态环境损害责任追究等制度出台实施，主体功能区制度逐步健全，省以下环保机构监测监察执法垂直管理、生态环境监测数据质量管理、排污许

---

① 郭永园 . 理论创新与制度践行:习近平生态法治观论纲[J]. 探索 ,2019(4):50-63.

可、河（湖）长制、禁止洋垃圾入境等环境治理制度加快推进，绿色金融改革、自然资源资产负债表编制、环境保护税开征、生态保护补偿等环境经济政策制定和实施进展顺利。制定和修改环境保护法、环境保护税法以及大气、水污染防治法和核安全法等法律。《环境保护法》修订案通过，相对完备的中国环境法律体系已经形成。制修订了包括《环境保护法》《大气污染防治法》《民法总则》《民事诉讼法》《行政诉讼法》《水污染防治法》《土壤污染防治法》等在内的8部法律，并推进完成了9部环保行政法规和23件环保部门规章的修订①。2017年通过的《民法总则》第九条规定，"民事主体从事民事活动，应当有利于节约资源、保护生态环境"，将绿色原则确定为民事活动的基本原则。2017年修订的《民事诉讼法》《行政诉讼法》增加检察机关提起环境民事、行政公益诉讼的规定，为加强国家利益和公共利益的司法保障，依法审理检察机关环境公益诉讼案件提供了法律依据。

中共中央《关于全面推进依法治国若干重大问题的决定》将党内法规纳入社会主义法治体系之中，明确指出党内法规"既是管党治党的重要依据，也是建设社会主义法治国家的有力保障"②。经中央深改组审议通过，十八大以来党中央或国务院发布党内环保法规和政策性文件至少20件，主要包括《生态文明体制改革总体方案》《党政领导干部生态环境损害责任追究办法》《环境保护督察方案》《生态环境损害赔偿制度改革试点方案》《控制污染物排放许可制实施方案》《关于设立统一规范的国家生态文明试验区的意见》《关于省以下环保机构监测监察执法垂直管理制度改革试点工作的指导意见》《生态文明建设目标评价考核办法》《关于全面推行河长制的意见》《关于划定并严守生态保护红线的若干意见》《关于建立资源环境承载能力监测预警长效机制的若干意见》《建立国家公园体制总体

① 环资审判（白皮书）及环境司法发展报告发布[EB/OL].http://www.court.gov.cn/zix-un-xiangqing-50682.html,2017-7-13.
② 郭永园.理论创新与制度践行:习近平生态法治观论纲[J].探索,2019(4):50-63.

方案》《关于健全生态保护补偿机制的意见》《环境保护督察方案（试行）》《开展领导干部自然资源资产离任审计试点方案》《党政领导干部生态环境损害责任追究办法（试行）》《生态环境损害赔偿制度改革试点方案》等。

一些省市也积极运用地方立法权，根据当地需求制定了更高标准、更为严格的管理制度和相应的行政处罚制度。2014年贵州省颁布了国内首部省级生态文明的地方性法规——《贵州省生态文明建设促进条例》。2015年3月15日，十二届全国人大第三次会议通过了《关于修改〈中华人民共和国立法法〉的决定》，赋予所有设区的市享有在"城乡建设与管理、环境保护、历史文化保护"等方面地方立法权，由此开启了生态法治建设中地方立法高潮的到来。据统计，截至2017年7月，89%设区的市已完成首部地方性法规制定立项，约40%为生态环境保护立法，仅次于城乡建设与管理类立法①。

其次，党的十八大以来绿色治理的体制改革进展还体现在生态文明体制改革专项方案不断增长。据不完全统计，党的十八大以来，中央层面共推出了50多项专项方案涉及资源、环境、生态、空间和综合等方面。一些实施主体明确、改革指向明确、改革措施明确的专项方案已经明显发挥了重要的、里程碑式的效应。其中国家环保督察制度、国家公园制度、河长制、生态文明考核制度等有较强的代表性。

2015年8月，中央深化改革小组十四次会议审议通过了《环境保护督察方案（试行）》，提出建立环保督察工作机制，严格落实环境保护主体责任等有力措施，推进落实党政同责和一岗双责。2019年6月，中共中央办公厅、国务院办公厅为了规范生态环境保护督察工作，压实生态环境保护责任，推进生态文明建设，建设美丽中国，根据《中共中央、国务院关于全面加强生态环境保护坚决打好污染防治攻坚战的意见》《中华人民共

---

① 吴烨,董华文,汪光,等.环境保护领域地方市级首次立法进展研究[J].中国环境管理,2018,10(3):53-58.

和国环境保护法》等要求，制定了《中央生态环境保护督察工作规定》。《中央生态环境保护督察工作规定》是我国生态环境保护领域的第一部党内法规。《中央生态环境保护督察工作规定》是对《环境保护督察方案（试行）》的修订和完善，更加强调督察工作要坚持和加强党的全面领导、更加突出纪律责任、完善了督察的顶层设计，成为推进新时代生态文明建设以及生态铁军建设的重要法律制度。

中共中央办公厅、国务院办公厅于 2016 年 12 月 11 日发布《关于全面推行河长制的意见》（以下简称《意见》）。这是落实绿色发展理念、推进生态文明建设的内在要求，是解决我国复杂水问题、维护河湖健康生命的有效举措，是完善水治理体系、保障国家水安全的制度创新。有助于进一步加强河湖管理保护工作，落实属地责任，健全长效机制。全国 31 个省、自治区、直辖市已全面建立河长制，河长制的组织体系、制度体系、责任体系已初步形成。目前我国已实现每条河流都有了河长。全国 31 个省份共明确省、市、县、乡四级河长 30 多万名，其中省级干部担任河长的有 402 人，59 位省级党委或政府主要负责同志担任总河长。29 个省份还将河长体系延伸至村，设立村级河长 76 万多名，打通了河长制"最后一公里"。全国 31 个省份的省、市、县三级均成立了河长制办公室，承担起河长制的日常工作，并按照《意见》要求出台配套制度和规矩机制。党政领导上岗，各级河长开始履职，社会公众参与，我国河湖管理已形成"开门治水"、社会多元共治的局面。

国家公园是指由国家批准设立并主导管理，边界清晰，以保护具有国家代表性的大面积自然生态系统为主要目的，实现自然资源科学保护和合理利用的特定陆地或海洋区域。早在 2013 年 11 月十八届三中全会通过的《中共中央关于全面深化改革若干重大问题的决定》（以下简称《决定》）中就明确提出，要"加快生态文明制度建设"，"建立国家公园体制"。2015 年 9 月，在《生态文明特别改革总体方案》中再次明确提出"改革现有多部门设置的保护地体制，进行保护区功能重组"。2017 年 9 月 26 日，

《建立国家公园体制总体方案》正式出台，标志着我国国家公园体制的顶层设计初步完成，国家公园建设进入实质性阶段。《中国三江源国家公园体制试点方案》《大熊猫国家公园 体制试点方案》《东北虎国家公园体制试点方案》《祁连山国家公 园体制试点方案》，随后相继出台，标志着我国国家公园的顶层设计基本完成。按照总体方案设计，我国国家公园建设分为两个阶段：到 2020 年国家公园体制试点基本完成，整合设立一批国家公园，分级统一的管理体制基本建立，国家公园总体布局初步形成；到 2030 年，国家公园体制更加健全，分级统一的管理体制更加完善，保护管理效能明显提高。

《关于加快推进生态文明建设的意见》提出，加快生态文明制度体系建设，包括从源头严防，到过程严管，再到后果严惩等全过程。对领导干部实行自然资源资产离任审计，既是生态文明制度体系的重要组成部分，也是建立健全系统完整的生态文明制度体系的重要内容，对于促进领导干部树立科学的发展观和正确的政绩观，推动生态文明建设具有重要意义。2015 年 11 月，《开展领导干部自然资源资产离任审计试点方案》正式出台，随后《领导干部自然资源资产离任审计暂行规定》正式实施。开展领导干部自然资源资产离任审计试点的主要目标，是探索并逐步完善领导干部自然资源资产离任审计制度，形成一套比较成熟、符合实际的审计规范，保障领导干部自然资源资产离任审计工作深入开展，推动领导干部守法、守纪、守规、尽责，切实履行自然资源资产管理和生态环境保护责任，促进自然资源资产节约集约利用和生态环境安全。

目前中央出台的生态文明体制改革的专项方案中对《生态文明体制改革总体方案》所列的 8 个制度领域均有所体现，但在领域分布上看并不均衡。其中，自然资源资产产权制度、环境治理体系、生态文明绩效评价考核和责任追究制度、国土空间开发保护制度等 4 个制度领域推出的专项方案较多，而在空间规划体系、资源总量管理和全面节约制度、资源有偿使用和生态补偿制度、环境治理和生态保护市场体系等 4 个制度领域所推出的专项方案较少。

5.2　治理体系

国家生态治理体系是提升国家生态治理能力的基础和前提，是新时代推进生态文明建设、实现美丽中国目标的重要抓手，对其进行改革完善具有重要的理论与现实意义。《中共中央国务院关于全面加强生态环境保护坚决打好污染防治攻坚战的意见》中将国家生态治理体系明确为生态环境监管体系、生态环境保护经济政策体系、生态环境保护法治体系、生态环境保护能力保障体系和生态环境保护社会行动体系等五个方面。

5.2.1　监管体系

"政府主导"的现代国家生态治理体系决定了环境保护是生态文明建设的主阵地，强化和创新生态环境监管执法是国家生态治理的首要议题。

建立生态环境综合执法机制是生态环境监管体系建设第一要务。新时代生态文明建设在统筹推进"五位一体"总体布局和协调推进"四个全面"战略布局中实现，加之生态环境系统本身所具有的系统性、整体性的特点，建立权责统一、权威高效的依法行政体制成为时代发展的必需。原有的生态环境执法机制在横向上按照不同的生态要素进行分割管理，具有生态环境监管权的部门包括环境、水利、国土、大气、农业、林业、海洋等部分，管理职能重叠，时有"九龙治水"的乱象出现，治理合力尚未形成。在纵向上，生态环境监管权又分为中央和地方，不同生态要素管理部门作为同级政府的组成部门在环境执法上会受到"地方保护主义"的影响。党的十八大以来，尤其是党的十九大后开启的机构改革，以增强执法的统一性、权威性和有效性为重点，整合环境保护和国土、农业、水利、海洋等部门相关污染防治和生态保护执法职责，依法统一行使污染防治、生态保护、核与辐射安全的行政处罚权以及与行政处罚相关的行政检查、行政强制权等执法职能，推动建立生态环境保护综合执法队伍，职责明确、边界清晰、行为规范、保障有力、运转高效、充满活力的生态环境保护综合行政执法体制正日渐完善。

生态环境监测体系完善与优化是生态环境监管体系建设的基础性工作，是现代国家生态治理的技术信息保障。党的十八大以来，一系列的生态文明制度创新，如公众环境参与、产权制度、领导干部审计制度、生态环境损害责任终身追究制度等都需要以现代科学的生态环境检测体系为支撑。党的十八大以来，生态环境监管部门以建立独立权威高效的生态环境监测体系为核心，通过技术创新和体制机制改革，逐步构建天地一体化的生态环境监测网络，完善和优化了原有的生态环境检测网络布局。

建立健全生态环境质量管理体系事关生态环境监管体系有序运行和完整度。习近平总书记指出，在环境质量底线方面，将生态环境质量只能更好、不能变坏作为底线，并在此基础上不断改善①。生态环境治理管理体系是生态环境管理机关按照国家环境标准对各区域、各生产主体进行全程动态的评定。生态环境质量管理作为一项行政管理行为，地方政府和生产企业是其最为主要的行政相对人，而通过对地方政府的环境质量管理又能够影响到对企业的生产行为。党的十八大以来，一方面通过环保督查、专项约谈等制度强化生态环境质量管理，对生态环境质量不达标地区的市、县级政府严肃问责、限期整改，另一方面加快推行排污许可制度、健全环保信用评价、信息强制性披露、严惩重罚等制度，对生产企业的生产经营行为进行有效监管，实现生态环境质量的末端治理。

5.2.2 政策体系

"两山论"阐述了经济发展和生态环境保护的关系，揭示了保护生态环境就是保护生产力、改善生态环境就是发展生产力的道理，指明了实现发展和保护协同共生的新路径②。物质文明是基础，生态文明建设的根本

---

① 习近平. 推动我国生态文明建设迈上新台阶[J]. 求是,2019(3):4-19.

② 《求是》编辑部. 在习近平生态文明思想指引下迈入新时代生态文明建设新境界[J]. 求是,2019(3):20-29.

所在是经济发展方式的转变，因此生态环境经济政策体系成为现代国家生态治理体系的重中之重，是生态治理体系基础性、根本性的治理体系。

第一，建立健全公共财政生态治理投入政策。现代国家生态治理的目标就是要确保提供能够满足人民群众美好生活的生态公共产品，因此生态治理需要国家的公共财政进行有力的支撑，提高绿色公共财政支出的数量和比重，尤其是要把解决突出生态环境问题作为公共财政支出优先领域，如公共财政应向污染防治攻坚战倾斜、增加对国家重点生态功能区、生态保护红线区域地区的投入，坚持公共财政投入同生态治理相匹配，加大财政投入力度确保提供更多优质生态产品。

第二，建立健全生态补偿政策。生态补偿是对无法或难以纳入市场的生态系统的服务功能进行经济补偿的制度措施，主要方式是通过对生态系统的服务功能进行核算并通过受益者付费或公共财政补贴方式进行补偿，或者是对保护生态系统而在经济上受损者给予财政补贴[①]。党的十八大以来，生态保护补偿制度建设框架基本建立，生态效益补偿标准进一步提高，跨区域生态补偿方案基本成熟。

第三，建立健全绿色产业政策。新时代生态文明建设要以产业生态化和生态产业化为主体的生态经济体系。这就要求在经济发展中要出台价格、财税、投资等产业政策引领和扶持绿色产业的发展，以及传统产业的绿色转型升级，树立绿色产业优先发展的理念，积极培育生态环保产业作为新的经济增长点。同时，要通过大力发展绿色信贷、绿色债券等金融产品建立现代绿色金融体系，运用金融杠杆的方式实现高污染高耗能等非绿色产业的自动退场，全力支持绿色产业发展。

5.2.3　法治体系

"用最严格制度最严密法治保护生态环境"是生态文明思想的核心内

---

① 郭永园.协同发展视域下的中国生态文明建设研究[M].北京:中国社会科学出版社,2016:130.

容和一项基本原则，实现了新时代生态文明建设与全面推进依法治国的有机结合，是现代国家生态治理体系的制度保障。

法治体系建设首先是生态法制体系建设。现代国家生态治理的前提是公平、明确和可实施的法律。党的十八大以来，国家层面先后修订了《环境保护法》等 8 部法律、9 部环保行政法规，并发布了 20 余件党内环保法规，土壤、湿地、国家公园、长江流域开发与保护等方面法律法规正加快制定，作为一个独立法律部门的生态法制正在形成。

法治体系建设的中心环节是综合生态执法体系，事关生态法治的理念能否落地见效。如果没有形成完备的法律执行机制，再多再好的法律文本也只会停留在纸面，被束之高阁。党的十八大以来，生态执法力度不断加大、手段日趋丰富、效能稳步提升，尤其是《生态环境保护综合行政执法改革方案》，有效整合生态环境保护领域执法职责和队伍，科学合规设置执法机构，强化生态环境保护综合执法体系和能力建设，初步形成了与生态环境保护事业相适应的行政执法职能体系。

生态文明建设需要司法守护，美丽中国建设司法必须在场。生态司法是国家生态法制得以实施的有力保障，是守卫民众生态权益的最后一道防线。党的十八大以来，法、检系统以习近平生态文明思想为指引，通过制度创新和机构整合，以环境司法审判机构和环境公益诉讼为两大抓手，坚持保护发展与治理环境并重、打击犯罪与保护生态并行、防治污染与修复生态并举，为美丽中国建设筑牢了司法屏障。

5.2.4 保障体系

现代国家生态治理是一项复杂的系统性工程，要在统筹推进"五位一体"总体布局和协调推进"四个全面"战略布局中展开，建立健全包括科技、物资、人才等方面的保障体系。

第一，建立健全生态治理科技支撑体系。现代国家生态治理水平的提升离不开科技的支撑，科技创新驱动是打好污染防治攻坚战、建设生态文明的基本动力。习近平总书记指出，要加强大气重污染成因研究和治理、京津冀环境综合治理重大项目等科技攻关，对臭氧、挥发性有机物以及新的污染物治理开展专项研究和前瞻研究，对涉及经济社会发展的重大生态环境问题开展对策性研究，加快成果转化与应用，为科学决策、环境管理、精准治污、便民服务提供支撑①。2018 年中共科学技术部党组印发《关于科技创新支撑生态环境保护和打好污染防治攻坚战的实施意见》，将生态治理的科技支撑体系建设制度化②。

第二，建立健全环境应急物资储备体系。环境应急物资是指处理环境应急事故所需要的设备、设施以及其他物资。我国先后出台了《中华人民共和国突发事件应对法》《国家突发环境事件应急预案》《突发环境事件应急管理办法》和《突发环境事件信息报告办法》等法律法规对环境应急物资储备作出了规定。党的十八大以来，生态环境行政管理部门初步构建起全国性的应急物资网络信息数据库和物资调配机制，在省市两级政府建立物质储备库，并将企业相关的物质纳入储备系统之中。

第三，建设符合时代要求的生态治理人才体系。习近平总书记指出，"要建设一支生态环境保护铁军，政治强、本领高、作风硬、敢担当，特别能吃苦、特别能战斗、特别能奉献"③。党的十八大以来的生态治理实践表明，无论是有关生态文明的顶层设计还是有明确规定的法规制度，能否成落地生根的关键性因素是人，尤其是领导干部这一关键少数。制度无法落地既有人员编制短缺、专业能力不强的问题，也有领导干部失职渎职的原因。新时代国家生态治理在配齐与生态环境保护任务相匹配的工作力量的同时，更要全面提高生态环境工作现代化水平，坚定理想信念和精神追求，严守政治纪律和政治规矩，以党风带行风促政风，打造一支忠诚、

---

①习近平.推动我国生态文明建设迈上新台阶[J].求是,2019(3):4-19.

②科技部.中共科学技术部党组印发《关于科技创新支撑生态环境保护和打好污染防治攻坚战的实施意见》[EB/OL].http://www.most.gov.cn/kjbgz/201810/t20181011_142060.htm,2019-5-1.

③习近平.推动我国生态文明建设迈上新台阶[J].求是,2019(3):4-19.

干净、担当的环保铁军，为推动生态文明建设和环境保护提供不竭动力。

5.3 机构改革

党的十八大以来，在以习近平同志为核心的党中央坚强领导下，破除各方面体制机制弊端，重要领域和关键环节改革取得突破性进展，生态文明制度"四梁八柱"初步建立。但在生态文明行政管理体制上依然存在这机构重叠、职责交叉、权责脱节等问题，机构设置和职责划分不够科学，职责缺位和效能不高，职能转变不到位。党的十九届三中全会审议通过了《中共中央关于深化党和国家机构改革的决定》（以下简称《决定》）。该《决定》明确指出，"深化党和国家机构改革是推进国家治理体系和治理能力现代化的一场深刻变革"。针对我国机构编制科学化不足，一些领域权力运行制约和监督机制不够等问题，该《决定》坚持优化协同高效原则，强调优化机构设置和职能配置。这次国务院机构改革，新组建自然资源部、生态环境部、国家林业和草原局，体现了一类事项原则上由一个部门统筹、一件事情原则上由一个部门负责的原则要求，可以避免政出多门、责任不明、推诿扯皮；可以减少多头管理，减少职责分散交叉，提高管理效能。

5.3.1 资源领域

根据党的十九届三中全会审议通过的《中共中央关于深化党和国家机构改革的决定》《深化党和国家机构改革方案》和第十三届全国人民代表大会第一次会议批准的《国务院机构改革方案》组建自然资源部。自然资源部的组建是为统一行使全民所有自然资源资产所有者职责，统一行使所有国土空间用途管制和生态保护修复职责，着力解决自然资源所有者不到位、空间规划重叠等问题，将国土资源部的职责，国家发展和改革委员会的组织编制主体功能区规划职责，住房和城乡建设部的城乡规划管理职责，水利部的水资源调查和确权登记管理职责，农业部的草原资源调查和确权登记管理职责，国家林业局的森林、湿地等资源调查和确权登记管理职责，国家海洋局的职责，国家测绘地理信息局的职责整合，作为正部级的国务院组成部门，同时对外保留国家海洋局牌子。

自然资源部贯彻落实党中央关于自然资源工作的方针政策和决策部署，在履行职责过程中坚持和加强党对自然资源工作的集中统一领导。主要职能包括落实中央关于统一行使全民所有自然资源资产所有者职责，统一行使所有国土空间用途管制和生态保护修复职责的要求，强化顶层设计，发挥国土空间规划的管控作用，为保护和合理开发利用自然资源提供科学指引。加强自然资源的保护和合理开发利用，建立健全源头保护和全过程修复治理相结合的工作机制，实现整体保护、系统修复、综合治理。创新激励约束并举的制度措施，推进自然资源节约集约利用。精简下放有关行政审批事项、强化监管力度，充分发挥市场对资源配置的决定性作用，更好发挥政府作用，强化自然资源管理规则、标准、制度的约束性作用，推进自然资源确权登记和评估的便民高效。主要职责包括：履行全民所有土地、矿产、森林、草原、湿地、水、海洋等自然资源资产所有者职责和所有国土空间用途管制职责；负责自然资源调查监测评价；负责自然资源统一确权登记工作；负责自然资源资产有偿使用工作；负责自然资源的合理开发利用；负责建立空间规划体系并监督实施；负责统筹国土空间生态修复；负责组织实施最严格的耕地保护制度；负责管理地质勘查行业和全国地质工作；负责落实综合防灾减灾规划相关要求，组织编制地质灾害防治规划和防护标准并指导实施；负责矿产资源管理工作；负责监督实施海洋战略规划和发展海洋经济；负责海洋开发利用和保护的监督管理工作；负责测绘地理信息管理工作；推动自然资源领域科技发展；开展自然资源国际合作；开展自然资源重大战略决策执行的督察。

自然资源部的组建是推进我国生态文明体制机制的重大改革举措，是自然资源产权制度体系完善的重要之举。党的十八届三中全会通过了《中共中央关于全面深化改革若干重大问题的决定》（以下简称《决定》），习近平总书记在《决定》的说明中指出，健全国家自然资源资产管理体制是健全自然资源资产产权制度的一项重大改革，也是建立系统完备的生态文明制度体系的内在要求。我国生态环境保护中存在的一些突出问题，一定程度上与体制不健全有关，原因之一是全民所有自然资源资产的所有权人不到位，所有权人权益不落实。自然资源资产产权制度是加强生态保护、促进生态文明建设的重要基础性制度。自然资源的资产产权在《宪法》《民法典》以及各个专项的资源法律文件中有所体现：确立了自然资源国家所有和集体所有多种形式的使用权制度；确立了国家所有权由国务院代理的规定，对各类资源普遍确立了不动产登记制度和资源有偿使用制度；在土地、矿产等领域引入比较完整的资源出让和转让市场交易制度，初步形成了自然资源正常产权制度体系。但是目前的制度规范原则较强，产权归属不清和权责不明的情形在资源领域普遍存在，统一登记刚刚起步，资产核算和监管体系尚未建立，独立、完整的自然资源资产管理体系尚未形成。十八届三中全会提出健全国家自然资源资产管理体制的要求。总的思路是按照所有者和管理者分开和一件事由一个部门管理的原则，落实全民所有自然资源资产所有权，建立统一行使全民所有自然资源资产所有权人职责的体制。由一个部门负责领土范围内所有国土空间用途管制职责，对山水林田湖进行统一保护、统一修复是十分必要的。资源产权制度的完善要对水流、森林、山岭、草原、荒地、滩涂等自然生态空间进行统一确权登记，形成归属清晰、权责明确、监管有效的自然资源资产产权制度。

自然资源部的组建有助于实现国土空间规划的统一。我国传统的国土空间规划政出多门、各自为战：国土资源部有组织编制土地利用规划、国土资源规划、矿产资源规划、地质勘查规划等规划的职责，国家发展和改革委员会有组织编制主体功能区规划的职责，住房和城乡建设部有组织编制城乡规划的职责，水利部有组织编制水资源规划的职责，农业部有组织编制草原规划的职责，国家林业局有组织编制森林、湿地等资源规划的职责，国家海洋局有组织编制海洋规划的职责等等。各个部门进行规划是由于部门工作职权、部门利益、部门法律依据等影响，导致规划的制定依据、实施标准、保障体系均不一致，多头管理、交叉重叠，规划的矛盾冲突成为我国生态文明建设一个长期存在的顽疾。新组建的自然资源部承担"多规合一"职责，统一履行原来分散在相关部门的"生态保护红线、永久基本农田、城镇开发边界"三条控制线划定管理职责，强化统筹协调、坚持底线思维、问题导向，优化国土空间开发保护格局顶层设计，大力推进"多规合一"，落实最严格的生态环境保护制度、耕地保护制度和节约用地制度，做到"统一的空间规划、统一的用途管制、统一的管理事权"。

自然资源部的组建有助于明晰自然资源的资产属性。我国传统的自然资源管理分散于农业、林业、牧业、副业、渔业、工业资源等管理部门，1998 年国土资源部组建时将土地、矿产管理进行组合，但是更多关注的资源的管理而忽视了资源的资产属性，如原国土资源部的机构设置中的耕地保护司、地籍管理司、土地利用管理司、地质勘查司、矿产开发管理司、矿产资源储量司主要是负责资产的行政审批许可。这就导致在实践中自然资源资产的流失和贬值、不当使用等现象层出不穷。自然资源部的组建将水利部的水资源调查和确权登记管理职责，农业部的草原资源调查和确权登记管理职责，国家林业局的森林、湿地等资源调查和确权登记管理职责整合，既有利于摸清自然资源的数量和质量，也能够有效解决自然资源所有者不到位、资源税国家应收未收等问题，实现自然资源资产价值的最大化。

5.3.2　环保领域

根据党的十九届三中全会审议通过的《中共中央关于深化党和国家机构改革的决定》《深化党和国家机构改革方案》和第十三届全国人民代表大会第一次会议批准的《国务院机构改革方案》组建生态环境部。生态环境部的组建是为了整合分散的生态环境保护职责，统一行使生态和城乡各类污染排放监管与行政执法职责，加强环境污染治理，保障国家生态安全，建设美丽中国。生态环境部整合了原环境保护部的职责，国家发展和改革委员会的应对气候变化和减排职责，国土资源部的监督防止地下水污染职责，水利部的编制水功能区划、排污口设置管理、流域水环境保护职责，农业部的监督指导农业面源污染治理职责，国家海洋局的海洋环境保护职责，国务院南水北调工程建设委员会办公室的南水北调工程项目区环境保护职责整合，作为正部级的国务院组成部门。生态环境部对外保留国家核安全局牌子。

生态环境部的前身最早可以追溯到 1974 年 10 月成立的国务院环境保护领导小组，其主要职责是：负责制定环境保护的方针、政策和规定，审定全国环境保护规划，组织协调和督促检查各地区、各部门的环境保护工作。1982 年 5 月，国家建委、国家城建总局、国家建工总局、国家测绘局、国务院环境保护领导小组办公室合并，组建城乡建设环境保护部，部内设环境保护局。1984 年 5 月，国务院环境保护委员会成立，其任务是研究审定有关环境保护的方针、政策，提出规划要求，领导和组织协调全国的环境保护工作。委员会主任由副总理兼任，办事机构设在城乡建设环境保护部（由环境保护局代行）。1984 年 12 月，城乡建设环境保护部环境保护局改为国家环境保护局，仍归城乡建设环境保护部领导，同时也是国务院环境保护委员会的办事机构，主要任务是负责全国环境保护的规划、协调、监督和指导工作。1988 年 7 月，成立独立的国家环境保护局（副部级），将环保工作从城乡建设部分离出来，明确为国务院综合管理环境保护的职能部门，作为国务院直属机构，也是国务院环境保护委员会的办事机构。1998 年 6 月，国家环境保护局升格为国家环境保护总局（正部级），是国务院主管环境保护工作的直属机构，同时撤销国务院环境保护委员会。2008 年 7 月，国家环境保护总局升格为环境保护部，成为国务院组成部门。

从生态环境部的机构演变历程来看，生态环境保护行政管理工作在近半个世纪的历史中逐步被重视，尤其是党的十八大之后成为国家治理的重要内容。但是我国生态环境行政管理体制一直存在诸多与生俱来的难题和困境。传统的生态环境行政管理体制脱胎于计划经济体制，延续了条块分割的管理方式，把生态管理的职能根据生态要素分割为不同的部门管理，没有整体性的综合管理机构和整体性的制度规范，在日常管理之中主要依据部门立法。单项性的部门立法往往是出于单一的生态要素管理的目的，而且其中必然会受制于官僚机制的部门利益的左右，不可能形成生态的整体性治理。这形成了我国生态文明建设中依赖单项性的技术性制度治理而忽视综合性治理的"路径依赖"。党的十八大之前中央行政部门中具有生态管理职能部门大致可以分为环保职能部门（环境保护部）、资源管理部门（水利部、国土资源部、国家林业局、国家海洋局等）、综合协调部门（国家发展和改革委员会、财政部、农业部等）等三种类型。从生态环境执法的现状来看，生态环境执法事项散落于国土、农业、水利、海洋、林业等部门，执法领域职责交叉、权力碎片化、权责脱节等体制性障碍突出，"九龙治水"的局面长期存在，监督管理没有形成完整的体系，在一些领域衔接不畅、存在盲区，在一些领域存在多头监管、重复执法问题。环境保护部门负责环境保护与污染防治，而生态资源则分别由水利、国土、林业、大气、海洋等部门管理。这种情形被称为"九龙治水"。此外还有国家发展和改革委员会负责全国范围内的公共资源统筹、规划与配置。分割治理导致本应整体性的生态文明建设被专业化的官僚机构所割裂，政府的生态管理职能被分割若干部门，使得环境保护职能、生态资源开发与建设职能、生态规划职能分割运行，部门之间分工有余、合作不足。《环境保护法》第十条规定"国务院环境保护主管部门，对全国环境保护工作实施统一监督管理"，明确了环境保护主管部门的统一监督管理职权，为实施生态的统一监督管理奠定了制度基础，但是在实践中，一方面环保部门并未获得相应的"统管"、协调的权力，即环保部门与其他部门行政等级相同，无权进行指导与监管；另一方面不同的生态部门法赋予各自资源管理部门以主管地位。

　　组建生态环境部，通过职能整合，生态环境部要统一行使生态和城乡各类污染排放监管与行政执法职责，切实履行监管责任，全面落实大气、水、土壤污染防治行动计划，大幅减少进口固体废物种类和数量直至全面禁止洋垃圾入境。构建政府为主导、企业为主体、社会组织和公众共同参与的生态环境治理体系，实行最严格的生态环境保护制度，严守生态保护红线和环境质量底线，坚决打好污染防治攻坚战，保障国家生态安全，建设美丽中国。生态环境部的组建将充实污染防治、生态保护、核与辐射安全三大职能领域，加强统一监管，实现五个打通：一是划入原国土部门的监督防止地下水污染职责，打通了"地上和地下"；二是划入水利部门的组织编制水功能区划、排污口设置管理、流域水环境保护，以及南水北调工程项目区环境保护等职责，打通了"岸上和水里"；三是划入原海洋局的海洋环境保护职责，打通了"陆地和海洋"；四是划入原农业部门的监督指导农业面源污染治理职责，打通了"城市和农村"；五是划入发展改革委的应对气候变化和减排职责，打通了"一氧化碳和二氧化碳"。

生态环境部的基本职责定位是"监管"，统一行使生态环境监管者职责，重点强化生态环境制度制定、监测评估、监督执法和督察问责四大职能：制度制定，即统一制定生态环境领域政策、规划和标准，划定并严守生态保护红线，制定自然保护地体系分类标准、建设标准并提出审批建议等；监测评估，即统一负责生态环境监测工作，评估生态环境状况，统一发布生态环境信息；监督执法，即整合污染防治和生态保护的综合执法职责、队伍，统一负责生态环境执法，监督落实企事业单位生态环境保护责任；督察问责，即对地方党委政府和有关部门生态环境工作进行督察巡视，对生态环境保护、温室气体减排目标完成情况进行考核问责，监督落实生态环境保护"党政同责、一岗双责"。具体而言，生态环境部的主要职责包括：负责建立健全生态环境基本制度；负责重大生态环境问题的统筹协调和监督管理；负责监督管理国家减排目标的落实；负责提出生态环境领域固定资产投资规模和方向、国家财政性资金安排的意见，按国务院规定权限审批、核准国家规划内和年度计划规模内固定资产投资项目，配合有关部门做好组织实施和监督工作；负责环境污染防治的监督管理；指导协调和监督生态保护修复工作；负责核与辐射安全的监督管理；负责生态环境准入的监督管理；负责生态环境监测工作；负责应对气候变化工作；组织开展中央生态环境保护督察；统一负责生态环境监督执法；组织指导和协调生态环境宣传教育工作，制定并组织实施生态环境保护宣传教育纲要，推动社会组织和公众参与生态环境保护；开展生态环境国际合作交流。

生态环境部组建是新时代生态文明行政管理体制的一次重大创新，其所释放出的制度红利将为打赢蓝天保卫战，打好柴油货车污染治理、城市黑臭水体治理、渤海综合治理、长江保护修复、水源地保护、农业农村污染治理七场标志性重大战役提供组织保障，为生态环境保护和美丽中国建设增添强大动力。

5.3.3 林草领域

根据党的十九届三中全会审议通过的《中共中央关于深化党和国家机构改革的决定》《深化党和国家机构改革方案》和第十三届全国人民代表大会第一次会议批准的《国务院机构改革方案》组建国家林业和草原局。国家林业和草原局组建是将国家林业局的职责，农业部的草原监督管理职责，以及国土资源部、住房和城乡建设部、水利部、农业部、国家海洋局等部门的自然保护区、风景名胜区、自然遗产、地质公园等管理职责整合。组建后的国家林业和草原局，将由自然资源部管理；国家林业和草原局加挂国家公园管理局牌子；森林防火职责划分给应急管理部；国家林业局的森林、湿地等资源调查和确权登记管理职责上交自然资源部。

国家林业和草原局的组建是从习近平生态文明思想中的"山水林田湖草"重要理论出发，用统一生命支撑体有机组成部分的角度来看待林业，充分考虑统一生命支撑体中各类资源的相互影响和作用，而非传统的单独和孤立地来看待林业和森林资源管理问题，统筹了林业发展与"五位一体"国家战略的内在关系，突出了林业的公益属性，转向生态系统管理模式，赋予了林业在生态文明社会建设中具有更重大的历史使命。国家林业和草原局的组建将加大生态系统保护力度，实施重要生态系统保护和修复工程，加强森林、草原、湿地监督管理的统筹协调，大力推进国土绿化，保障国家生态安全。加快建立以国家公园为主体的自然保护地体系，统一推进各类自然保护地的清理规范和归并整合，构建统一规范高效的中国特色国家公园体制。

国家林业和草原局的主要职责是监督管理森林、草原、湿地、荒漠和陆生野生动植物资源开发利用和保护，组织生态保护和修复，开展造林绿化工作，管理国家公园等各类自然保护地。主要职责包括：负责林业和草原及其生态保护修复的监督管理；组织林业和草原生态保护修复和造林绿化工作；负责森林、草原、湿地资源的监督管理；负责监督管理荒漠化防治工作；负责陆生野生动植物资源监督管理；负责监督管理各类自然保护地；负责国家公园设立、规划、建设和特许经营等工作，负责中央政府直接行使所有权的国家公园等自然保护地的自然资源资产管理和国土空间用途管制；负责推进林业和草原改革相关工作；拟订林业和草原资源优化配置及木材利用政策；指导国有林场基本建设和发展；指导全国森林公安工作；负责落实综合防灾减灾规划相关要求；监督管理林业和草原中央级资金和国有资产；负责林业和草原科技、教育和外事工作。

国家林业和草原局的组建有助于实现山水林田湖草统一管理，加大生态系统保护力度，统筹森林、草原、湿地监督管理，加快建立以国家公园为主体的自然保护地体系，保障国家生态安全。我国传统的自然资源管理实行的是实体资源的分部门管理模式，这种模式是脱胎于计划经济体制的，虽然具有一定的历史合理性，但是会客观上造成对原本统一的生态资源进行人为的分割治理，治理失灵的弊端丛生。如在同一个自然资源分布地区，同一个生态系统，既分布有自然保护区，也分布有风景名胜区、自然遗产、地质公园，多种不同的管理目标叠加，出现"九龙治水"的管理格局，管理冲突屡有发生。国家林业和草原局的组建将多个部门的自然保护区、风景名胜区、自然遗产、地质公园等管理职责进行整合成立国家林业和草原局，实现统一管理。

国家林业和草原局的组建有助于全面推进国家公园体制建设。习近平总书记在党的十九大报告中明确提出，我国要建立以国家公园为主体的自然保护地体系。国家公园是指由国家批准设立并主导管理，边界清晰，以保护具有国家代表性的大面积自然生态系统为主要目的，实现自然资源科学保护和合理利用的特定陆地或海洋区域。建立国家公园体制是党的十八届三中全会提出的重点改革任务，是我国生态文明制度建设的重要内容，对于推进自然资源科学保护和合理利用，促进人与自然和谐共生，推进美丽中国建设，具有极其重要的意义。2017 年 9 月，中共中央办公厅、国务院办公厅印发《建立国家公园体制总体方案》。方案指出，国家公园是将山水林田湖草作为一个生命共同体，统筹考虑保护与利用，对相关自然保护地进行功能重组，合理确定国家公园的范围。按照自然生态系统整体性、系统性及其内在规律，对国家公园实行整体保护、系统修复、综合治理。立足我国生态保护现实需求和发展阶段，科学确定国家公园空间布局。国家公园建设要将创新体制和完善机制放在优先位置，有步骤、分阶段推进国家公园建设。国家公园由国家确立并主导管理，企业、社会组织和公众共同参与。方案提出到 2020 年，建立国家公园体制试点基本完成，整合设立一批国家公园，分级统一的管理体制基本建立，国家公园总体布局初步形成。到 2030 年，国家公园体制更加健全，分级统一的管理体制更加完善，保护管理效能明显提高。

5.4　督察机制

环境保护督察是党中央、国务院推进生态文明建设和环境保护工作的重大制度创新，是强化生态环保责任、解决突出环境问题的重要举措。环保督察最早可以追溯到"八五"时期就开始的中央环境执法检查、区域环保督查、关停达标行动、环保约谈等中央环境监管模式。2015 年 8 月以来，党中央、国务院先后出台了《生态文明体制改革总体方案》《党政领导干部生态环境损害责任追究办法（试行）》《环境保护督察方案（试行）》等生态文明体制改革"1+6"系列重要文件，要求建立国家环境保护督察制度和生态环境损害责任追究制度，采用中央巡视组巡视的工作方式、程序和纪律要求全面开展环保督察工作。2016 年原环保部正式成立国家环境保护督察办公室，中央环保督察组首先在湖北省开始试点工作，随后分四批在全国开展全覆盖的督察工作。

5.4.1 法律依据

1989 年公布并实施的《环境保护法》第七条的规定：国务院环境保护行政主管部门，对全国环境保护工作实施统一监督管理。县级以上地方人民政府环境保护行政主管部门，对本辖区的环境保护工作实施统一监督管理。国家海洋行政主管部门、港务监督、渔政渔港监督、军队环境保护部门和各级公安、交通、铁道、民航管理部门，依照有关法律的规定对环境污染防治实施监督管理。县级以上人民政府的土地、矿产、林业、农业、水利行政主管部门，依照有关法律的规定对资源的保护实施监督管理。以此为基础，在"八五"期间中央开始了以专项环境执法检查等形式的环境监管，同时各级环境行政管理部门相继成立了专门机构负责环境执法与监督检查。原国家环保总局与 2002 年 7 月出台了《关于统一规范环境监察机构名称的通知》，决定将全国各级环保局（厅）所属的"环境监理"类机构统一更名为"环境监察"机构，在环保总局设环境监测聚，在省级环保部门设环境监察总队，在地（市）级环保部门设环境监察支队，在县（市）级环保部门设环境监察大队。为了监督地方各级政府严格执行环保的法律法规，破除地方保护主义，协调跨区域环境保护，保障国家环境安全，2002 年开始，原环境保护部先后设立了华北、华东、华南、西北、西南、东北六个环境保护督查中心，作为环保部派出的执法监督机构，是部直属事业单位。督查中心的主要任务就是监督地方各级政府执行环境保护法律法规标准、政策的情况。2005 年 12 月，国务院颁布了《关于落实科学发展观加强环境保护的决定》，第 20 条指出：完善环境管理体制……按照区域生态系统管理方式，逐步理顺部门职责分工，增强环境监管的协调性、整体性。建立健全国家监察、地方监管、单位负责的环境监管体制。国家加强对地方环保工作的指导、支持和监督，健全区域环境督查派出机构，协调跨省域环境保护，督促检查突出的环境问题。

　　中央环保督察的法律依据主要包括两种形式：国家生态环境法律和党内法规。党的十八大以来，创设环保督察最早的法律依据可以追溯到 2013 年 11 月十八届三中全会通过的 《中共中央关于全面深化改革的若干重大问题的决定》，其中明确提出 "要求紧紧围绕建设美丽中国深化生态文明体制改革，加快建立生态文明制度"。在中央推动进行生态文明体制改革创新的背景下，在原有的中央环境监管的制度实践基础上，2014 年 5 月原环保部颁布了《环境保护部约谈暂行办法》，要求督促地方政府及其有关部门切实履行环境保护责任，解决突出环境问题，保障群众环境权益。11 项情形列为被约谈的条件，主要包括：未落实国家环保法律、法规、政策、标准、规划，或未完成环保目标任务，行政区内发生或可能发生严重生态和环境问题的；区域或流域环境质量明显恶化，或存在严重环境污染隐患，威胁公众健康、生态环境安全或引起环境纠纷、群众反复集体上访的；行政区内存在公众反映强烈、影响社会稳定或屡查屡犯、严重环境违法行为长期未纠正的等等。在实际操作中，群众举报、年度考核存在问题以及执法中发现问题是启动约谈最主要的原因。环保部在约谈之后，进一步强化了日常监管，持续传导督查压力。环保约谈风暴成为中央环保督察的前奏。2015 年 1 月全国人大常委会通过了修订的《环境保护法》，第十条规定：国务院环境保护主管部门，对全国环境保护工作实施统一监督管理；县级以上地方人民政府环境保护主管部门，对本行政区域环境保护工作实施统一监督管理。县级以上人民政府有关部门和军队环境保护部门，依照有关法律的规定对资源保护和污染防治等环境保护工作实施监督管理。至此，中央环保督察有了国家生态环境基本法的依据和授权。2015年4月，中共中央、国务院出台了《关于加快推进生态文明建设的意见》，其中第三十二条指出，加快推进生态文明建设压迫强化统筹协调，各级党委和政府对本地区生态文明建设负总责，要建立协调机制，形成有利于推进生态文明建设的工作格局。各有关部门要按照职责分工，密切协调配合，形成生态文明建设的强大合力。规定各级党委和政府对本地区生态文明建设负总责。2015年党中央颁布了《党政领导干部生态环境损害责任追究办法（试行）》，其中第三条规定："地方各级党委和政府对本地区生态环境和资源保护负总责，党委和政府主要领导成员承担主要责任，其他有关领导成员在职责范围内承担相应责任。"该规定首次明确了在生态文明建设中，党政同责的原则，改变了以往以"问责政府"为主的生态治理政治责任模式，开启了党政综合治理的"双领导制"模式。2016年12月，中共中央办公厅、国务院办公厅印发《生态文明建设目标评价考核办法》，这是我国首次建立生态文明建设目标评价考核制度。考核办法指出，生态文明建设目标评价考核在资源环境生态领域有关专项考核的基础上综合开展，采取评价和考核相结合的方式。2019年4月，中共中央办公厅印发《党政领导干部考核工作条例》，生态文明建设进入领导班子考核内容。与1998年中组部印发的《党政领导干部考核工作暂行规定》相比，《党政领导干部考核工作条例》在考核内容方面，生态文明建设、生态环境保护所占分量大大增加。

2015年8月，中央深化改革小组十四次会议审议通过了《环境保护督察方案（试行）》，提出建立环保督察工作机制，严格落实环境保护主体责任等有力措施，推进落实党政同责和一岗双责。2019年6月，中共中央办公厅、国务院办公厅为了规范生态环境保护督察工作，压实生态环境保护责任，推进生态文明建设，建设美丽中国，根据《中共中央国务院关于全面加强生态环境保护坚决打好污染防治攻坚战的意见》《中华人民共和国环境保护法》等要求，制定了《中央生态环境保护督察工作规定》。《中央生态环境保护督察工作规定》是我国生态环境保护领域的第一部党内法规。《中央生态环境保护督察工作规定》是对《环境保护督察方案（试行）》的修订和完善，更加强调督察工作要坚持和加强党的全面领导、更加突出纪律责任、完善了督察的顶层设计，成为推进新时代生态文明建设以及生态铁军建设的重要法律制度。

2018 年 6 月，河北省十三届人大常委会第三次会议通过了新修订的《河北省水污染防治条例》，在全国首次将环保督察写入地方性法规。条例规定："省人民政府应当建立健全环保督察机制，制定水环境保护督察问题清单和整改方案，明确督办内容、流程、时限，对整改和督办不力的纳入政府核查问责范围，并依法向社会公开，接受监督。"条例还对约谈和限批制度以立法形式进行了规范和固定。

5.4.2 组织机构

环保督查的组织机构范围有三个层次：中央环保督查组织、区域环保督察组织和地方环保督查组织。

原国家环保总局于 2002 年 7 月出台了《关于统一规范环境监察机构名称的通知》，决定将全国各级环保局（厅）所属的"环境监理"类机构统一更名为"环境监察"机构，在环保总局设环境监测局，在省级环保部门设环境监察总队，在地（市）级环保部门设环境监察支队，在县（市）级环保部门设环境监察大队。环保部独立并成为国务院组成部门之后，单独设立了环境监察局作为履行监管职责的组织机构。2015 年，根据中共中央办公厅、国务院办公厅印发的《中央生态环境保护督察工作规定》，成立中央生态环境保护督察工作领导小组，负责组织协调推动中央生态环境保护督察工作。领导小组组长、副组长由党中央、国务院研究确定，组成部门包括中央办公厅、中央组织部、中央宣传部、国务院办公厅、司法部、生态环境部、审计署和最高人民检察院等。中央生态环境保护督察办公室设在生态环境部，负责中央生态环境保护督察工作领导小组的日常工作，承担中央生态环境保护督察的具体组织实施工作。领导小组是中国特色的跨部门协调议事机构，有着独特的治理优势和治理效能。根据中央生态环境保护督察工作安排，经党中央、国务院批准，组建中央生态环境保护督察组，承担具体生态环境保护督察任务。中央生态环境保护督察组设组长、副组长。督察组实行组长负责制，副组长协助组长开展工作。组长由现职或者近期退出领导岗位的省部级领导同志担任，副组长由生态环境部现职部领导担任。2018 年新一轮中央机构改革过程中，组建了生态环境部，在机关司局中设置了中央生态环境保护督察办公室，主要监督生态环境保护党政同责、一岗双责落实情况，以及拟订生态环境保护督察制度、工作计划、实施方案并组织实施。承担中央生态环境保护督察及中央生态环境保护督察组的组织协调工作，是国务院生态环境保护督察工作领导小组日常工作。

2006 年 7 月原国家环保总局出台了《总局环境保护督查中心组建方案》，总局设立华北环境保护督查中心（驻地北京）华东环境保护督查中心（驻地南京）、华南环境保护督查中心（驻地广州）、西北环境保护督查中心（驻地西安）、西南环境保护督查中心（驻地成都）、东北环境保护督查中心（驻地沈阳）。华北督查中心负责北京、天津、河北、山西、内蒙古、河南。华东督查中心负责上海、江苏、浙江、安徽、福建、江西、山东。华南督查中心负责湖北、湖南、广东、广西、海南。西北督查中心负责陕西、甘肃、青海、宁夏、新疆。西南督查中心负责重庆、四川、贵州、云南、西藏。东北督查中心负责辽宁、吉林、黑龙江。六大区域环境保护督查中心作为总局派出的执法监督机构，是总局直属事业单位。其主要职责包括：监督地方对国家环境政策、法规、标准执行情况；承办重大环境污染与生态破坏案件的查办工作；承办跨省区域和流域重大环境纠纷的协调处理工作；参与重大、特大突发环境事件应急响应与处理的督查工作；承办或参与环境执法稽查工作；督查重点污染源和国家审批建设项目"三同时"执行情况；督查国家级自然保护区（风景名胜区、森林公园）、国家重要生态功能保护区环境执法情况；负责跨省区域和流域环境污染与生态破坏案件的来访投诉受理和协调工作。 2017 年 12 月，中央将环保部华北、华东、华南、西北、西南、东北环境保护督查中心由事业单位转为环保部派出行政机构，并分别更名为环境保护部华北、华东、华南、西北、西南、东北督察局。六大区域环保督察局的设立解决了以往督查中心事业单位进行环保行政执法的困局，解决了环保执法的身份问题。同时，新设的六大环保督察局较之前增加了一项重要职能——承担中央环保督察有关工作。之前的环保督查中心侧重于监督企业，而督察局则强调督政，监督党政机关。六大区域督察局将进一步强化督政职能，与国家环境保护督察办公室一起，共同构建国家环保'督政'体系，进一步完善了环境保护督察体制，为中央环境保护督察工作提供有力保障。

地方环保督查组织主要包括两个类型。一是省市县乡各级政府所成立的"环境保护督察工作领导小组"，通常省级领导小组组长由省委常委、常务副省长担任，省人民政府副秘书长和省环保厅厅长担任副组长，与生态环境督察工作相关的党政部门领导担任成员。二是省市县生态环保局的环保督查内设机构。

5.4.3 未来走向

环境保护督察是党中央、国务院推进生态文明建设和环境保护工作的重大制度创新，是强化生态环保责任、解决突出环境问题的重要举措。至2015 年开始，中央环保督察有力推动了习近平生态文明思想的践行，有效地保障了中央各项生态文明体制机制改革政策落地生根，各地对环境保护工作的重视，督促地方党委政府切实履行环境保护主体责任，有效解决了一批重大环境问题。但是从国家治理现代化，环保督查制度仍有亟须完善之处。

其一，为环保督察提供国家法律的制度性保障，提升环保督察法律的法律位阶。目前环保督察的最为直接的法律依据是《中央生态环境保护督察工作规定》，但这仅是一部党内法规。在我国法律体系中，法律位阶存在着"国家立法高于党内法规，党内法规严于国家立法"的情形。因此，环保督察目前亟须专门性的国家立法予以明确。虽然《中央生态环境保护督察工作规定》是由中共中央办公厅、国务院办公厅联合发布，属于党政合一式的立法体例，但是这也成为其缺陷所在，即党政环保督察的混同。党政同责是我国治国理政的重要经验措施之一，在扶贫攻坚和污染防治上均取得了不俗的成绩，但是却忽视了党和政之间的区别和差异，尤其是在进行环保督察责任认定时没有能够进行清晰科学的划分。从科学立法的角度而言，未来我国环保督察法制建设应当实行党政分立，分别由中共中央办公厅和全国人大常委会制定《中央环保督察条例》和《国家环保督察条例》，且按照从严治党的要求，针对党员干部的《中央环保督察条例》在督察内容和责任处罚上应当严于《国家环保督察条例》。

其二，提高公众在环保督察中的参与度。公众参与是我国生态文明建设的一项重要原则，也在新修订的《环境保护法》中予以确认，国家还专门出台了《环境保护公众参与办法》。但是在环保督察的规范性文件和实际中，公众参与却尚处于"缺位"的状态。《中央生态环境保护督察工作规定》作为环保督察最为直接的制度性文件，并没有涉及公众参与的主体、程序、方式等问题。无论是在生态文明领域坚持"以人民为中心"的政治原则，还是从现代国家生态治理的多元主体的现实均要求公众应当有效地参与到环保督察的过程之中，增强环保督察的民主性、科学性和公开性。

6　生态司法

"公正是司法的灵魂和生命。"促进社会公平正义是司法工作的核心价值追求，司法机关是维护社会公平正义的最后一道防线。围绕公平正义这一核心价值，司法担当着"权利救济""定分止争""制约公权"的功能。建设以公正高效权威的中国特色社会主义司法体制，确实提升司法在社会主义法治或者是现代国家治理中的地位，更好地发挥司法在社会主义建设中的职能，成为了新时代"五位一体"社会主义现代化建设的重要举措。生态文明建设需要司法守护，美丽中国建设司法必须在场。生态法治建设迫切需要司法的参与，生态法制体系的日趋完善也为生态司法提供更加有力的立法支持。生态司法促进和保障环境资源法律的全面正确施行，用统一司法裁判尺度切实维护人民群众生态权益，积极回应人民群众对环境保护和资源权益问题的司法期待，在全社会培育和践行社会主义生态文明观，遏制环境形势的进一步恶化，为生态文明建设提供坚强有力的司法服务和保障。

6.1　生态审判

党的十八大以来，最高人民法院先后出台《关于全面加强环境资源审判工作为推进生态文明建设提供有力司法保障的意见》《最高人民法院关于充分发挥审判职能作用为推进生态文明建设与绿色发展提供司法服务和保障的意见》《关于深入学习贯彻习近平生态文明思想为新时代生态环境保护提供司法服务和保障的意见》《最高人民法院、最高人民检察院、公安部、司法部、生态环境部关于办理环境污染刑事案件有关问题座谈会纪要》《最高人民检察院关于审理生态环境损害赔偿案件的若干规定（试行）》《最高人民法院、最高人民检察院关于人民检察院提起刑事附带民事公益诉讼应否履行诉前公告程序问题的批复》等制度文件，要求法院系统全面学习贯彻习近平生态文明思想，增强政治意识和政治站位，以环境资源案件管辖制度和案件归口审理为抓手，探索出适合新时代的生态司法审判模式。要求各级人民法院积极探索建立与行政区划适当分离的环境资源案件管辖制度，逐步改变目前以行政区划分割自然形成的流域等生态系统的管辖模式。

6.1.1 机构设置

审判机构的专门化是生态审判发展建设的一个重要标志。生态审判或者说生态法治是一个新兴的部门法领域，与既有的民事、刑事、行政审判有着较大的差距。审判机构的专门化是指设置专门的审判机关或审判机构对环境资源案件进行专属管辖、专门审理的体制和机制，是生态司法专门化的重中之重，是生态司法专门化得以实现的组织基础，更是探索和凝练审判机制和审判程序，形成和打造审判队伍的前提和必要。

从 2007 年 10 月贵州省清镇市成立了中国第一个环保法庭开始，再到 2014 年 7 月 3 日，最高人民法院成立生态司法的专门机构——环境资源审判庭，是新时代生态司法创新的里程碑，有助于促进环境资源法律的全面准确实施，统一生态司法尺度，切实维护人民群众权益，保障生态法治领域公平正义的实现。截至 2020 年底，全国共设立环境资源专门审判机构 1993 个，包括环境资源审判庭 617 个，合议庭 1167 个，人民法庭、巡回法庭 209 个，基本形成专门化的环境资源审判组织体系[1]。全国 31 家高级

①《中国环境资源审判（2020）》暨年度典型案例和《中国环境司法发展报告（2020）》新闻发布会 [EB. OL]. https://www. chinacourt. org/chat/fulltext/listId/52831/template/court-fbh20210604.shtml, 2021-06-04.

人民法院中，已经有 26 家设立了环境资源审判庭，其中，除北京、上海和湖南是在相关审判庭加挂牌子外，其余 23 家均为专门设立的环境资源审判机构，未设立环境资源审判庭的高级人民法院也都指定专门的合议庭负责业务指导。江苏、福建、贵州、海南、甘肃等省已基本建立三级法院环境资源审判组织体系。最高人民法院指导各高级人民法院统筹辖区实际需要，按照内设机构改革要求，在案件数量较多、审判力量较强，或是实行跨行政区划集中管辖环境资源案件的中基层人民法院设立环境资源审判庭、合议庭、巡回法庭等专门审判机构；探索跨省级行政区划集中管辖机制。

6.2.2　审判模式

党的十八大以来，各地法院根据本地实际，积极探索实行环境资源民事、行政、刑事案件统一归口审理，统筹适用刑事、民事、行政三种责任方式（见表 6-1）。最高人民法院环境资源审判庭在审理环境资源民事案件基础上增加审理以生态环境、自然资源、林业和草原主管部门为被告的行政案件，实行环境资源民事、行政案件"二合一"归口审理模式。广西、河南、浙江省（区）高级人民法院实行民事、行政案件"二合一"归口审理模式。福建、江苏、重庆等高级人民法院实行民事、行政、刑事案件"三合一"归口审理模式。截至 2019 年，共有 19 家高级人民法院实行"三合一"归口审理。云南省高级人民法院、浙江省湖州市中级人民法院以及贵州省清镇市等地法院还探索实行包括执行职能在内的环境资源民事、行政、刑事、执行案件的"四合一"归口模式。此外，各地法院还积极探索以生态系统或者生态功能区为单位实行跨行政区划集中管辖。江苏实行"9+1"模式，其中"9"是指以江苏省政府确立的生态功能区规划为基础，以生态功能区为单位，在相关基层人民法院设立 9 个环境资源法庭，跨行政区划受理环境资源案件；"1"是指在南京市中级人民法院设立的南京环境资源法庭，其集中管辖江苏省中级人民法院管辖的一审环境资源案件以及不服 9 个生态功能区环境资源法庭审结案件的上诉案件。江苏已形成以江苏省高级人民法院环境资源审判庭为指导、南京环境资源法庭为核心、9 个生态功能区法庭为依托的环境资源集中管辖审判体系。

表 6-1　高级人民法院环境资源审判专门机构建设情况

序号	单位	机构名称	环境资源案件归口审理模式
1	北京市高级人民法院	环境资源审判庭	刑事、民事、行政案件
2	河北省高级人民法院	环境资源审判庭	刑事、民事、行政案件
3	山西省高级人民法院	环境资源审判庭	刑事、民事、行政案件
4	内蒙古自治区高级人民法院	环境资源审判庭	刑事、民事、行政案件
5	辽宁省高级人民法院	环境资源审判庭	刑事、民事、行政案件
6	吉林省高级人民法院	环境资源审判庭	刑事、民事、行政案件
7	上海市高级人民法院	环境资源审判庭	刑事、民事、行政案件
8	江苏省高级人民法院	环境资源审判庭	刑事、民事、行政案件
9	浙江省高级人民法院	环境资源审判庭	民事、行政案件
10	福建省高级人民法院	环境资源审判庭	刑事、民事、行政案件
11	江西省高级人民法院	环境资源审判庭	刑事、民事、行政案件
12	山东省高级人民法院	环境资源审判庭	民事案件
13	河南省高级人民法院	环境资源审判庭	民事、行政案件
14	湖北省高级人民法院	环境资源审判庭	刑事、民事、行政案件
15	湖南省高级人民法院	环境资源审判庭	民事案件
16	广东省高级人民法院	环境资源审判庭	民事案件
17	广西壮族自治区省高级人民法院	环境资源审判庭	民事、行政案件

18	海南省高级人民法院	环境资源审判庭	刑事、民事、行政案件
19	重庆市高级人民法院	环境资源审判庭	刑事、民事、行政案件
20	四川省高级人民法院	环境资源审判庭	刑事、民事、行政案件
21	贵州省高级人民法院	环境资源审判庭	刑事、民事、行政案件
22	云南省高级人民法院	环境资源审判庭	刑事、民事、行政、执行（环境民事公益诉讼）案件
23	陕西省高级人民法院	环境资源审判庭	刑事、民事、行政案件
24	甘肃省高级人民法院	环境资源审判庭	刑事、民事、行政案件
25	青海省高级人民法院	环境资源审判庭	刑事、民事、行政案件
26	新疆维吾尔自治区高级人民法院	环境资源审判庭	刑事、民事、行政案件

资料来源：《中国环境资源审判（2019）》

6.3.3 司法成效

党的十八大以来，人民法院坚持生态环境的全方位司法保护，强化事前预防性司法和事后恢复性司法的应用，严格落实绿色原则，依法妥善审理涉环境污染、生态破坏和自然资源开发利用、气候变化应对、生态环境治理与服务等各类环境资源刑事、民事、行政诉讼案件及公益诉讼案件、生态环境损害赔偿诉讼案件 25.3 万件。

截至 2019 年底，全国法院共受理各类环境资源刑事一审案件 39957 件，审结 36733 件，判处罪犯 114633 人，收结案数同比 2018 年分别上升 50.9%、43.4%。严格贯彻损害担责、全面赔偿原则，依法追究污染环境、破坏生态行为人的民事责任，促进自然资源的合理开发利用，切实保障人民群众的人身、财产和环境权益。全国法院共受理各类环境资源民事一审案件 202671 件，审结 189120 件，同比 2018 年分别上升 5.6%、3.5%。充分发挥行政审判预防功能，监督行政机关依法及时履行监管职责。2019 年受理各类环境资源行政一审案件 47588 件，审结 42078 件，同比 2018 年分别上升 12.7%、0.8%（见下图 6-1）。 2019 年，全国法院共受理社会组织提起的环境民事公益诉讼案件 179 件，审结 58 件，同比 2018 年分别上升 175.4%、262.5%。受理检察机关提起的环境公益诉讼 2309 件，审结 1895 件，同比 2018 年分别上升 32.9%、51.4%，其中环境民事公益诉讼案件 312 件，审结 248 件；环境刑事附带民事公益诉讼 1642 件，审结 1370 件；环境行政公益诉讼案件 355 件，审结 277 件。受理生态环境损害赔偿案件 49 件，审结 36 件，同比 2018 年分别上升 145%、350%，其中生态环境损害赔偿司法确认案件 28 件，审结 23 件；生态环境损害赔偿诉讼案件 21 件，审结 13 件。在加强环境资源审判工作的同时，坚持发展新时代"枫桥经验"，充分发挥行政调解、人民调解、仲裁等非诉讼纠纷解决机制的作用，加强诉讼和非诉讼纠纷解决机制的衔接配合，为环境资源纠纷的解决提供多元化的选择，形成环境资源保护合力。山东省高级人民法院与省自然资源厅、省生态环境厅联合印发《关于建立环境资源保护多元治理机制的意见》，贵州省高级人民法院与省生态环境厅联合下发《关于建立全省各级人民法院与生态环境部门衔接配合工作五项机制的意见》，贵州省清镇市人民法院在政府部门主导下，共同探索"1+5"（政府主导、企业主体、公众参与、调解先行、强化服务、司法联动）的"生态环境社会治理清镇模式"，建立起有效的环境司法与行政执法的衔接机制。开展诉前化解，注重矛盾的基层化解、就地化解，协同政府部门、动员人民群众参与环境治理①。

①中国环境资源审判（2019 年）[EB/OL].http://www.scio.gov.cn/xwfbh/qyxwfbh/Document/1678542/1678542.htm,2020-5-8.

图 6-1　人民法院受理、审结环境资源类一审案件情况

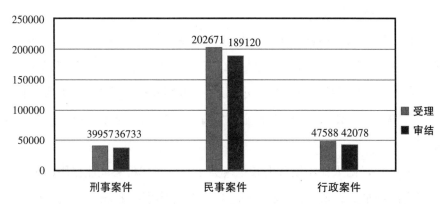

资料来源：《中国环境资源审判（2019）》

6.2　生态检察

　　党的十八大以来，以习近平同志为核心的党中央着眼于美丽中国建设，作出了打好污染防治攻坚战等一系列重大战略部署。检察机关以习近平生态文明思想为指引，坚持创新、协调、绿色、开放、共享的新发展理念和双赢多赢共赢的监督理念，把生态环境检察工作摆在更突出的位置来谋划推进。检察机关作为国家法律监督机关，坚持以习近平生态文明思想为指引，认真贯彻落实中共中央、国务院《关于全面加强生态环境保护坚决打好污染防治攻坚战的意见》和全国人大常委会《关于全面加强生态环境保护依法推动打好污染防治攻坚战的决议》，坚持创新、协调、绿色、开放、共享的新发展理念和双赢多赢共赢的监督理念，以理念变革推动新时代检察工作创新发展，把生态环境检察工作摆在更突出的位置来谋划推进。2018 年以来，最高人民检察院先后出台了《关于充分发挥检察职能为打好"三大攻坚战"提供司法保障的意见》和《关于充分发挥检察职能作用助力打好污染防治攻坚战的通知》，在促进生态文明建设和生态环境治理改善中发挥更加积极的作用，不断增强人民群众的获

得感、幸福感和安全感。

6.2.1 行刑检察

新时代生态检察首先确实履行好检察系统的传统的行刑事检察职能，依法严惩重罚生态环境违法犯罪行为。行刑事检察是人民检察的基础职能，充分发挥人民检察系统在生态文明建设中的积极作用，核心就是要实现行刑事检察的"绿色化"，即增强和完善生态治理领域的行政、刑检察职能的发挥。

2018 年最高人民检察院发布了《关于充分发挥检察职能作用助力打好污染防治攻坚战的通知》，通知要求切实履行刑事检察职能，从严惩处影响污染防治攻坚战实施、破坏生态环境刑事犯罪。认真贯彻落实始终坚持"严"字当头，加强审查逮捕、审查起诉工作，强化刑事诉讼法律监督，形成高压态势。以"零容忍"态度坚决惩治非法排放、倾倒或者处置有毒有害污染物、非法排放超标污染物的犯罪，以及篡改伪造环境监测数据、干扰自动检测、破坏环境质量检测系统的犯罪，无证为他人处置危险废物、故意提供虚假环境影响评价意见等环境污染犯罪。依法严厉惩处群众反映强烈、社会影响恶劣的严重破坏生态环境案事件背后的滥用职权、玩忽职守等职务犯罪。深化破坏环境资源犯罪专项立案监督，加强生态环境案件刑事侦查活动监督，加强生态环境案件刑事审判监督，加强生态环境案件刑事执行监督。刑罚执行、刑事强制措施执行的监督，能够保证刑罚的惩罚、教育和预防效果的落实。

2014 年开始，全国人民检察院提起的环境刑事案件保持连年增长势头，环境污染犯罪的方案态势与生成机理逐渐清晰。全国法院 2016 年至 2019 年的环境刑事案件的一审收案增长率为 10.09%、17.40%、16.51%、21.17%，结案率分别为 12.57%、16.95%、13.19%、23.91%（见表 6-2）。通过近五年的环境刑事犯罪的发展发现：第一，污染环境罪的行政犯特征十分典型。目前，司法实践中出现的污染环境罪案件的发生形态，均系企业为追求经济利益而非法超标排放或处置污染物或危险废弃物的造成。对这些情形,法律均授权行政机关进行监管并赋予明确的管理权限与手段,但仍有一些企业知法违法。对该类行为追究刑事责任后,刑法的惩罚与预防功能开始显现,使环境刑事案件数量从高发到趋于相对稳定。这也对未来的环境治理是采取技术管理或行政监管为主模式,还是加大入刑力度,以及三者之间的关系如何合理配置提出了挑战。第二,污染环境犯罪的发案与地方环境治理水平与能力密切相关(见表6-3)。可以预计,在生态环境行政执法力度持续加强,既有惩治污染环境犯罪刑事政策保持稳定的情形下,全国范围内污染环境罪案件数量继续上升的可能性较小。案件高发省份案件数量可能保持变动中的相对稳定,中西部一些省份案件数量存在较大的上升空间,部分经济发达县级区域案件数量仍然具有一定的不确定性。这对环境刑事司法力量、区域、层级配置提出了要求,应充分考虑污染环境罪案件的管辖、证据、法律适用等特殊性要求[①]。

表 6-2 2015-2019 年全国环境刑事案件一审数量

	2015 年	2016 年	2017 年	2018 年	2019 年
收案量	17587	19361	22729	26481	32088

---

①吕忠梅.中国环境司法发展报告[M].北京:法律出版社,2020:28-29.

表 6-3 　 2015-2019 年全国环境资源刑事案件分省市统计

单位：件

省市（自治区	一审	二审	再审	总计
安徽省	1048	444	6	1498
北京市	179	45	——	224
福建省	2099	720	14	2833
甘肃省	517	122	——	639
广东省	4288	1123	12	5423
广西壮族自治区	1918	461	2	2381
贵州省	1496	307	7	1810
海南省	173	82	——	255
河北省	3361	1268	11	4640
河南省	1998	455	16	2469
黑龙江省	3129	468	27	3624
湖北省	1701	272	5	1978
湖南省	1908	394	4	2306
吉林省	4559	498	33	5090
江苏省	2993	366	3	3362
江西省	2299	473	20	2792
辽宁省	2136	483	27	2646
内蒙古自治区	4317	508	9	4834
宁夏回族自治区	286	50	4	340
青海省	193	49	2	244

续表

省市（自治区	一审	二审	再审	总计
山东省	2233	474	30	2737
山西省	729	248	3	980
陕西省	1018	167	2	1187
上海市	363	23	—	386
四川省	1649	261	2	1912
天津市	306	112	—	418
西藏自治区	91	40	2	133
新疆维吾尔自治区	708	172	2	882
云南省	3989	536	8	4533
浙江省	4189	1063	8	5260
重庆市	1719	172	2	1893
最高人民法院	1	—	—	1
总计	57593	11856	261	69710

资料来源：最高人民法院信息中心

6.2.2　协同司法

新时代生态检察还体现在检察机关与其他国家机关的协作治理方面。为深入学习贯彻习近平生态文明思想，认真落实党中央重大决策部署和全国人大常委会决议要求，全力参与和服务保障打好污染防治攻坚战，推进生态文明建设，形成各部门依法惩治环境污染犯罪的合力，2018 年 12 月，最高人民法院、最高人民检察院、公安部、司法部、生态环境部在北京联合召开座谈会，交流了当前办理环境污染刑事案件的工作情况，分析了遇到的突出困难和问题，研究了解决措施，联合发布了《关于办理环境污染刑事案件有关问题座谈会纪要》。

2019年1月，为贯彻落实党中央、国务院关于打好污染防治攻坚战的各项决策部署，充分发挥检察机关、行政执法机关职能作用，最高人民检察院、生态环境部会同国家发展和改革委员会、司法部、自然资源部、住房城乡建设部、交通运输部、水利部、农业农村部、国家林业和草原局等部门，就在检察公益诉讼中加强协作配合，合力打好污染防治攻坚战，共同推进生态文明建设，联合出台了《关于在检察公益诉讼中加强协作配合依法打好污染防治攻坚战的意见》（以下简称《意见》），进一步形成生态环境保护工作合力[①]。该《意见》共21条，从线索移送、立案管辖、调查取证、司法鉴定、诉前程序、提起诉讼、日常联络、人员交流等8个方面做出了明确规范，为依法办理公益诉讼案件、合力打好污染防治攻坚战提供了有力的制度支撑。

2019年最高人民检察院召开长江经济带检察工作座谈会，举办服务长江经济带检察论坛，探索沿江11省市建立跨省级行政区划公益诉讼工作机制，主要建议包括：建立长江流域省级办案协作机制，构建信息共享平台；建立长江经济带生态环境发展法律监督平台，强化法律监督工作；以公益诉讼为抓手，创造性地开展生态环境司法保护工作；进一步加大打击破坏生态环境犯罪力度；深入开展扫黑除恶专项斗争，做好保障长江经济带健康发展的基础性工作[②]。其中，重庆市检察院从2018年开始在第二分院探索长江生态检察官制度，整合刑事检察、公益诉讼检察职能，以检察一体化的优势加强长江流域生态环境保护。2021年重庆市检察院下发《关于在全市检察机关推行长江生态检察官制度的工作方案》，长江生态检察官

---

① 加强检察公益诉讼协作配合 依法打好污染防治攻坚战[EB/OL].https://www.spp.gov.cn/xwfbh/wsfbt/201901/t20190122_406098.shtml,2019-1-22.

② 检察机关服务长江经济带发展座谈会召开[EB/OL].http://www.mzyfz.com/index.php/cms/item-view-id-1362214,2020-1-19.

制度正式向全市推行。目前重庆市已经成立了 5 个检察分院、38 个区县检察院长江生态检察官办公室授牌，全市 44 个长江生态检察官办公室，实行"刑事+公益诉讼+民事+行政"四大检察一体化集中办案模式，履行破坏环境资源保护犯罪刑事检察、破坏环境资源刑事附带民事公益诉讼检察和民事行政检察职能，形成司法体系保护长江生态环境。自 2018 年试点长江生态检察官制度以来，重庆全市检察机关在生态环境和资源保护领域共立案公益诉讼 5261 件，办理诉前程序 4571 件，其中向行政机关发出诉前检察建议 4001 件，行政机关回复整改率 99.15%；向法院提起公益诉讼 229 件（行政公益诉讼 17 件、民事公益诉讼 48 件、刑事附带民事公益诉讼 164 件），法院已审结 207 件，其中支持起诉意见 186 件、调解结案 21 件①。

最高人民检察院和水利部统一领导共同组织"携手清四乱 保护母亲河"专项行动，黄河流域 9 省区检察机关和河长办共同参与，协作联动。不少地方专门设立生态环境检察部门，注重环境保护案件办理机制创新探索，集中办理污染环境犯罪案件，实行"捕、诉、监、防"一体化办案模式，探索建立环境检察跨区划协作机制。检察机关的实践探索得到了中央的肯定，福建、贵州、江西、海南等四个国家生态文明试验区建设实施方案中都对生态环保检察工作作出积极评价，提出具体要求。

6.2.3 公益诉讼

新时代生态检察一大亮点在于由检察机关提起的环境行政公益诉讼。现行《民事诉讼法》第 55 条初步确立了民事公益诉讼制度，并将民事公益诉讼的原告主体规定为"法律规定的机关和有关组织"，但未明确"法律规定的机关和有关组织"的具体范围。《环境保护法》第 58 条规定了环境公益诉讼制度，但只是针对社会组织，并未明确可提起环境公益诉讼的机关以及"法律规定的机关"是否包括检察机关，导致实践中检察机关提

①陈波,杨锟紫,重庆推广长江生态检察官制度[N].重庆日报,2021-7-20(9).

起环境公益诉讼缺乏直接的法律依据。

2015 年 7 月 1 日，十二届全国人大常委会审议通过了《关于授权最高人民检察院在部分地区开展公益诉讼试点工作的决定》，授权最高人民检察院在北京、内蒙古、吉林、江苏、安徽、福建、山东、湖北、广东、贵州、云南、陕西、甘肃等十三个省、自治区、直辖市开展为期两年的试点工作。2015 年 7 月 2 日，最高人民检察院发布了《检察机关提起公益诉讼改革试点方案》。

2017 年 5 月 23 日，中央全面深化改革领导小组第三十五次会议审议通过《关于检察机关提起公益诉讼试点情况和下一步工作建议的报告》，指出"正式建立检察机关提起公益诉讼制度的时机已经成熟"。6 月 27 日十二届全国人大常委会第二十八次会议表决通过了关于修改《民事诉讼法》和《行政诉讼法》的决定，检察机关提起公益诉讼明确写入这两部法律。其中，《民事诉讼法》第 55 条增加一款，作为第二款："人民检察院在履行职责中发现破坏生态环境和资源保护、食品药品安全领域侵害众多消费者合法权益等损害社会公共利益的行为，在没有前款规定的机关和组织或者前款规定的机关和组织不提起诉讼的情况下，可以向人民法院提起诉讼。前款规定的机关或者组织提起诉讼的，人民检察院可以支持起诉。"《行政诉讼法》第 25 条增加一款，作为第四款："人民检察院在履行职责中发现生态环境和资源保护、食品药品安全、国有财产保护、国有土地使用权出让等领域负有监督管理职责的行政机关违法行使职权或者不作为，致使国家利益或有社会公共利益受到侵害的，应当向行政机关提出检察建议，督促其依法履行职责。行政机关履行职责的，人民检察院依法向人民法院提起诉讼。"

2018 年 7 月 6 日，习近平总书记主持召开中央全面深化改革委员会第三次会议，决定设立最高人民检察院公益诉讼检察厅。中央深改委的决定指出，公益诉讼检察厅的目的是要以强化法律监督、提高办案效果、推进专业化建设为导向，构建配置科学、运行高效的公益诉讼检察机构，为更好地履行公益诉讼检察职责提供组织保障。公益诉讼检察厅建立以来推动了在全国基层院实现公益诉讼办案的全覆盖，围绕关于落实中央打好防治污染攻坚战一系列重大的国家战略，部署开展了一系列重大活动，对一批重要案件进行了督办。公益诉讼检察厅积极推荐制度机制建设；促进办案的规范化，主要包括办案一体化机制建设，加强检察机关内部刑事、民事、行政检察部门线索发现移送、办案协作配合等工作机制；上级检察院通过案件督办、领办、参办、提办等方式，指导和协调指挥下级检察院办案。公益诉讼检察厅组建了一些专业的办案团队与相关的专门机构，进行内部的培训，充实力量，提高专业素质，注意加强和其他部门在环境治理方面的交流沟通，来强化提升队伍的专业化水平和办案能力。2019 年 6 月，最高人民法院发布《关于审理生态环境损害赔偿案件的若干规定（试行）》，明确了生态环境损害赔偿诉讼案件的受理条件及其与环境民事公益诉讼的衔接等规则。2019 年 12 月，最高人民法院与最高人民检察院共同发布《关于人民检察院提起刑事附带民事公益诉讼应否履行诉前公告程序问题的批复》，明确检察机关提起的刑事附带民事公益诉讼案件必须履行诉前公告程序。2019 年最高人民检察院发布中国生态环境检察工作情况，显示 2018 年共立案办理涉及生态环境和资源保护的公益诉讼案件59312 件，通过办案，督促治理被污染损毁的耕地、湿地、林地、草原211 万亩，督促清理固体废物、生活垃圾 2000 万吨，追偿修复生态、治理环境费用 30 亿元①。

　　检察机关的环境公益诉讼特色之一就是充分发挥了诉前程序的治理效能。《检察机关提起公益诉讼改革试点方案》为了提高检察机关的检查监督能力，督促行政机关依法履行职责，有效节约司法资源，专门设置了环境公益诉讼的诉前程序。检察机关在提起民事公益诉讼之前，应当依法督

①国新办举行中国生态环境检察工作新闻发布会[EB/OL].http://www.scio.gov.cn/xwfbh/xwbfbh/wqfbh/39595/39813/index.htm#，2019-2-14.

促或者支持法律规定的机关或有关组织提起民事公益诉讼。法律规定的机关或者有关组织应当在收到督促或者支持起诉意见书后一个月内依法办理，并将办理情况及时书面回复检察机关①。据最高人民检察院 2019 年工作报告，在 2018 年检察系统立案办理的 59312 件环境公益诉讼案件中，行政公益诉讼案件占比为 97%②，即经诉前程序行政机关整改率达到 97%，最终没有与行政机关"撕破脸"而起诉。这被看作是我国检察系统公益诉讼的独特优势。

---

①《检察机关提起公益诉讼试点方案》[EB/OL].https://www.spp.gov.cn/ztk/2015/gyssgz-tj_2918/xgwj/201601/t20160106_110516.shtml,2019-2-14.

②最高人民检察院工作报告[EB/OL].https://www.spp.gov.cn/spp/gzbg/201903/t20190319_412293.shtml,2019-2-14.

7 全民守法

习近平总书记指出，"坚持依法治国、依法执政、依法行政共同推进，坚持法治国家、法治政府、法治社会一体建设"①，法治国家与法治社会是互为依存、相辅相成的，法治国家引领法治社会，法治社会为法治国家构筑坚实的社会基础②。全民守法体系的建设是法治社会建设的核心议题，以弘扬社会主义法治精神，建设社会主义法治文化，增强全社会厉行法治的积极性和主动性，形成守法光荣、违法可耻的社会氛围，使全体人民都成为社会主义法治的忠实崇尚者、自觉遵守者、坚定捍卫者。

7.1 公众参与

习近平总书记指出，"生态文明是人民群众共同参与共同建设共同享有的事业，每个人都是生态环境的保护者、建设者、受益者"③。共同参与共同建设突出的是人民在国家生态治理中的共治主体地位，共同享有则凸显的是人民在生态文明建设成果分配中的中心地位。共同参与共同建设是现代国家生态治理的重要特征之一，人民群众或者是以个体的形式或者是以组织的形式"有序地"参与生态治理能实现公共生态决策民主性和科

---

① 习近平. 在首都各界纪念现行宪法公布施行 30 周年大会上的讲话[N]. 人民日报，2012-12-5(2).

② 张文显. 习近平法治思想研究（下）：习近平全面依法治国的核心观点[J]. 法制与社会发展，2016,22(4):5-47.

③ 习近平. 推动我国生态文明建设迈上新台阶[J]. 求是，2019(3):4-19.

学性的有机统一。以人民为中心的治理理念还体现为生态治理的成果由人民共享，坚持良好生态环境是最普惠的民生福祉，通过全面推进现代国家生态治理，提供更为优质更为公平的公共生态产品，增强民众的生态获得感。

环境保护公众参与是指公民、法人和其他组织自觉自愿参与环境立法、执法、司法、守法等事务，以及与环境相关的开发、利用、保护和改善等活动。公众参与环境保护是维护和实现公民环境权益、加强生态文明建设的重要途径。积极推动公众参与环境保护，对创新环境治理机制、提升环境管理能力、建设生态文明具有重要意义。推动公众依法有序参与环境保护，是党和国家的明确要求，也是加快转变经济社会发展方式和全面深化改革步伐的客观需求。党的十八大报告明确指出，"保障人民知情权、参与权、表达权、监督权，是权力正确运行的重要保证"。新修订的《环境保护法》在总则中明确规定了"公众参与"原则，并对"信息公开和公众参与"进行专章规定。中共中央、国务院《关于加快推进生态文明建设的意见》中提出要"鼓励公众积极参与。完善公众参与制度，及时准确披露各类环境信息，扩大公开范围，保障公众知情权，维护公众环境权益"。

2014年为深入贯彻落实党的十八大和十八届三中全会精神，进一步推进公众参与环境保护工作的健康发展，环境保护部出台了《关于推进环境保护公众参与的指导意见》。主要内容包括：一是加强宣传动员。广泛动员公众参与环境保护事务，推动电视、广播、报纸、网络和手机等媒体积极履行环境保护公益宣传社会责任，使公众依法、理性、有序参与环保事务。二是推进环境信息公开。完善环境信息发布机制，细化公开条目，明确公开内容。通过政府和环境保护行政主管部门门户网站、政务微博、报刊、手机报等权威信息发布平台和新闻发布会、媒体通气会等便于公众知晓的方式，及时、准确、全面地公开环境管理信息和环境质量信息，积极推动企业环境信息公开。三是畅通公众表达及诉求渠道。建设政府、企业、公众三方对话机制，支持环保社会组织合法、理性、规范地开展环境矛盾和纠纷的调查和调研活动，对其在解决环境矛盾和纠纷过程中所涉及的信息沟通、对话协调、实施协议等行为，提供必要的帮助。四是完善法律法规。建立健全环境公益诉讼机制，明确公众参与的范围、内容、方式、渠道和程序，规范和指导公众有序参与环境保护。制定和采取有效措施保护举报人，避免举报人遭受打击报复。五是加大对环保社会组织的扶持力度。在通过项目资助、政府向社会组织购买服务等形式促进环保社会组织参与环境保护的同时，对环保社会组织及其成员进行专业培训，提升其公益服务意识、服务能力和服务水平。积极支持环保社会组织开展环境保护宣传教育、咨询服务、环境违法监督和法律援助等活动，鼓励他们为完善环保法律法规和政策制定积极建言献策。《关于推进环境保护公众参与的指导意见》还明确公众参与的重点领域包括环境法规和政策制定、环境决策、环境监督、环境影响评价、环境宣传教育等。同时要求各级环保部门加强组织领导，对负责环境保护公众参与的人员开展业务培训，建立健全相关制度，完善考核、检查等工作措施，加强政府各部门间的合作联动，确保环境保护公众参与工作健康发展。

2015 年 7 月，环保部发布了《环境保护公众参与办法》（以下简称《办法》），作为新修订的《环境保护法》的重要配套细则，切实保障公民、法人和其他组织获取环境信息、参与和监督环境保护的权利，畅通参与渠道，规范引导公众依法、有序、理性参与，促进环境保护公众参与更加健康地发展。该《办法》共 20 条，主要内容依次为：立法目的和依据，适用范围，参与原则，参与方式，各方主体权利、义务和责任，配套措施。《办法》以新修订的《环境保护法》第五章"信息公开和公众参与"为立法依据，吸收了《环境影响评价法》《环境影响评价公众参与暂行办法》《环境保护行政许可听证暂行办法》等有关规定，参考了过去出台的有关文件和指导意见，借鉴了部分地方省市已经出台的有关法规、规章，较好地反映了我国环境保护公众参与的现状，制定的各项内容切合实际，具有较强的可操作性。《办法》明确规定了环境保护主管部门可以通过征求意见、问卷调查，组织召开座谈会、专家论证会、听证会等方式开展公众参与环境保护活动，并对各种参与方式作了详细规定，贯彻和体现了环保部门在组织公众参与活动时应当遵循公开、公平、公正和便民的原则。《办法》支持和鼓励公众对环境保护公共事务进行舆论监督和社会监督，规定了公众对污染环境和破坏生态行为的举报途径，以及地方政府和环保部门不依法履行职责的，公民、法人和其他组织有权向其上级机关或监察机关举报。为调动公众依法监督举报的积极性，《办法》要求接受举报的环保部门，要保护举报人的合法权益，及时调查情况并将处理结果告知举报人，并鼓励设立有奖举报专项资金。《办法》强调环保部门有义务加强宣传教育工作，动员公众积极参与环境事务，鼓励公众自觉践行绿色生活，树立尊重自然、顺应自然、保护自然的生态文明理念，形成共同保护环境的社会风尚。《办法》还提出，环保部门可以对环保社会组织依法提起环境公益诉讼的行为予以支持，可以通过项目资助、购买服务等方式，支持、引导社会组织参与环境保护活动，广泛凝聚社会力量，最大限度地形成治理环境污染和保护生态环境的合力[①]。在地方立法层面，2005 年至 2011 年，沈阳、山西、昆明等地先后出台环保公众参与办法，为当地公众参与环保提供了具体指南。河北省还于 2014 年发布了全国首个环境保护公众参与地方性法规《河北省公众参与环境保护条例》。

7.2 公益诉讼

法治社会建设作为中国特色社会主义法治道路的一个维度，与其他法治国家有不同的生成逻辑。公益诉讼是国外制度创新，但是却在中国的生态法治实践中发挥了重要的作用，既给予了社会民众生态环境治理的参与权，也能有效地整合社会资源，实现民众在生态公共事务中的有序参与。

---

① 环境保护部解读《环境保护公众参与办法》[EB/OL].http://www.gov.cn/zhengce/2015-07/22/content_2900767.htm,2015-7-22.

环境公益诉讼是人民法院环境资源审判工作的重要组成部分，也是国家环境治理体系的重要环节，对于提升生态文明治理的法治化水平，保障和促进绿色发展发挥着不可或缺的作用。

2012 年修订的《民事诉讼法》《最高人民法院关于审理环境民事公益诉讼案件适用法律若干问题的解释》将公益诉讼的主体资格明确为"依照法律、法规的规定，在设区的市级以上人民政府民政部门登记的社会团体、民办非企业单位以及基金会等，可以认定为环境保护法第五十八条规定的社会组织"[①]。新《环境保护法》第五十八条明确了原告主体是符合条件的社会组织。最高人民法院 2015 年以来先后制定发布《关于审理环境民事公益诉讼案件适用法律若干问题的解释》《关于审理环境侵权责任纠纷案件适用法律若干问题的解释》以及《人民法院审理人民检察院提起公益诉讼案件试点工作实施办法》等司法解释和规范性文件，与民政部、环境保护部联合发布《关于贯彻实施环境民事公益诉讼制度的通知》。环境公益诉讼的顶层设计基本完成，人民法院的环境公益诉讼审判工作有序开展，稳步推进，案件数量大幅增长，案件类型也更为多样，涵摄大气、水、土壤、海洋、森林、濒危植物保护、人文遗迹、自然保护区、乡村等多个环境要素的保护，涉及地域也逐步扩展到各个省区。公民的环境公益诉讼为民众有序参与公共生态治理提供了有效的途径，司法成为民众生态权益诉求理性的表达方式，诉讼成为社会矛盾的制度化解方式，引导公众有序参与生态环境保护，有效地解决了"维权"与"维稳"之间的矛盾，为法治社会建设提供了重要的导引。

现阶段，我国公民提起环境公益诉讼与国外公益诉讼有所区别：我国公民个人不能提起环境公益诉讼，需借助于环境社会组织进而提起环境公益诉讼。2015 年最高人民法院分布了《最高人民法院关于审理环境民事公

[①] 高人民法院关于审理环境民事公益诉讼案件适用法律若干问题的解释[EB/OL]. http://www.court.gov.cn/zixun-xiangqing-13025.html，2015-1-6.

益诉讼案件适用法律若干问题的解释》，规定"依照法律、法规的规定，在设区的市级以上人民政府民政部门登记的社会团体、民办非企业单位以及基金会等，可以对污染环境、破坏生态，损害社会公共利益的行为向人民法院提起诉讼"，目前全国 700 余家社会组织可提起环境公益诉讼。

我国对环境公益诉讼最早的规定可以追溯到 2005 年《国务院关于落实科学发展观加强环境保护的决定》，其首次明确提出鼓励社会组织参与环境监督，"推进环境公益诉讼"；2012 年修订的《民事诉讼法》增加了"法律规定的机关和组织"可以提起环境公益诉讼；2014 年修订的《环境保护法》特别授权符合条件的社会组织可以提起环境公益诉讼；2015 年年初最高人民法院发布了《关于审理环境民事公益诉讼案件适用法律若干问题的解释》，让《环境保护法》的实施更加顺畅。2018 年 8 月 31 日通过的《土壤污染防治法》进一步明确规定，污染土壤损害国家利益、社会公共利益的，有关机关和组织，可以依法向人民法院提起诉讼。2019 年 6 月，最高人民法院发布《关于审理生态环境损害赔偿案件的若干规定（试行）》，明确了生态环境损害赔偿诉讼案件的受理条件及其与环境民事公益诉讼的衔接等规则。2019 年 3 月，最高人民法院发布 10 个生态环境保护典型案例；6 月，发布 5 个人民法院保障生态环境损害赔偿制度改革典型案例。各高级人民法院相继发布辖区内典型案例，不断细化环境资源案件裁判规则，统一裁判尺度。浙江、湖北、广西等高级人民法院出台办理环境公益诉讼案件会议纪要或裁判指引，统一辖区内公益诉讼案件审判中出现的法律适用问题。天津、内蒙古、山西、黑龙江、上海、浙江、山东、青海等高级人民法院印发生态环境损害赔偿案件相关指导意见、实施细则，切实规范生态环境损害赔偿案件磋商协议司法确认和审理程序。内蒙古自治区兴安盟中级人民法院与盟检察分院、公安局、司法局联合出台了建立生态修复机制的相关指导意见，把恢复性司法理念贯穿于整个审判过程。

从新时代生态文明建设的现实需求以及国外生态治理的经验出发，我国目前的环境公益诉讼还存在不少有待完善之处，主要体现在原告主体资格问题。就目前最高人民法院的司法解释规定，符合提起环境公益诉讼的社会组织约 700 家，但在实践中提起过环境公益诉讼的目前不足 30 家，主要是自然之友、中国生物多样性保护与绿色发展基金会、转化环保联合会、贵阳公众环境教育中心等国内影响较大的社会组织，而其他社会组织无论是在资金实力、实施能力、专业知识等方面相对较弱，在环境公益诉讼方面属于是"有心无力"的状态。因此，目前环境公益诉讼中公民的参与度无论是广度还是深度都还存在不足，公众直接向社会组织或者是检察机关提供公益诉讼线索而提起公益诉讼的案件数量较少。目前国内仅有甘肃省人民检察院针对公益诉讼制定了线索举报奖励办法。因此，未来我国生态文明制度创新的过程中应当对环境公益诉讼的员工按主题资格予以适当放宽，赋予公民个人提起公益诉讼的资格。其次，应当及时搭建公民参与环境诉讼的信息网络平台。从现实出发，公民的环保意愿有了极大的提升，在无主体资格的条件下应当为个人的环境公益诉讼线索提供有效的信息转化平台，与环保组织或者是检察机关有效对接。

7.3 绿色生活

党的十八大以来，习近平总书记关于生态文明建设发表了一系列的重要论述，提出了一系列关于生态文明建设的新理念、新思想和新战略，形成了习近平生态文明思想，为我们推进生态文明建设、建设美丽中国提供了理论指导。习近平总书记在领导全国人民推进社会主义生态文明的进程中，深刻地认识到生态环境问题归根结底是发展方式和生活方式问题，要从根本上解决生态环境问题，必须贯彻创新、协调、绿色、开放、共享的发展理念，加快形成节约资源和保护环境的空间格局、产业结构、生产方式、生活方式，把经济活动、人的行为限制在自然资源和生态环境能够承受的限度内，给自然生态留下休养生息的时间和空间。奢侈炫耀、浪费无度的消费行为和生活方式是造成生态问题的主要根源。为了彻底解决这一影响生态环境的根源问题，习近平总书记多次提出建设生态文明必须形成绿色生产方式和生活方式，并多次强调形成绿色生活方式对推进生态文明建设和绿色发展的重要意义。

习近平总书记在十八届中央政治局第四十一次集体学习时的讲话中强调"推动形成绿色发展方式和生活方式，是发展观的一场深刻变革"，"要充分认识形成绿色发展方式和生活方式的重要性、紧迫性、艰巨性，把推动形成绿色发展方式和生活方式摆在更加突出的位置"。在党的十九大报告中，习近平总书记三次提到生活方式："形成绿色发展方式和生活方式""倡导健康文明生活方式""倡导简约适度、绿色低碳的生活方式"。在2018年5月18日在全国生态环境保护大会上的讲话中，习近平同志指出，"生态环境问题归根结底是发展方式和生活方式问题""要让大家充分认识到推动形成绿色发展方式和生活方式的长期性、复杂性、艰巨性，在思想上高度重视起来，扎扎实实把生态文明建设抓好"[①]。进一步强调了形成绿色发展方式和生活方式是解决生态环境问题的根本之所在，并强调了形成绿色生活方式的长期性、复杂性、艰巨性。

《中共中央国务院关于加快推进生态文明建设的意见》中第八部分第三十条指出："培育绿色生活方式。倡导勤俭节约的消费观。广泛开展绿色生活行动，推动全民在衣、食、住、行、游等方面加快向勤俭节约、绿色低碳、文明健康的方式转变，坚决抵制和反对各种形式的奢侈浪费、不合理消费。积极引导消费者购买节能与新能源汽车、高能效家电、节水型器具等节能环保低碳产品，减少一次性用品的使用，限制过度包装。大力推广绿色低碳出行，倡导绿色生活和休闲模式，严格限制发展高耗能、高耗水服务业。在餐饮企业、单位食堂、家庭全方位开展反食品浪费行动。

---

①中共中央文献研究室.习近平关于社会主义生态文明建设论述摘编[M].中央文献出版社,2017:4.

党政机关、国有企业要带头厉行勤俭节约。"《生态文明体制改革总体方案》中第十部分"关于生态文明体制改革的保障"第五十五条"关于加强舆论引导"指出："面向国内外，加大生态文明建设和体制改革宣传力度，统筹安排、正确解读生态文明各项制度的内涵和改革方向，培育普及生态文化，提高生态文明意识，倡导绿色生活方式，形成崇尚生态文明、推进生态文明建设和体制改革的良好氛围。"

2015年环保部发布了《关于加快推动生活方式绿色化的实施意见》。生活方式绿色化要通过加强宣传教育，增强生态文明意识，广泛开展绿色生活行动，推动全民在衣、食、住、行、游等方面加快向勤俭节约、绿色低碳、文明健康的方式转变。同时，积极倡导公民养成勤俭节约的消费观，积极引导消费者购买节能环保低碳产品，倡导绿色生活和休闲模式，严格限制发展高耗能服务业，坚决抵制和反对各种形式的奢侈浪费、不合理消费。《关于加快推动生活方式绿色化的实施意见》提出要到2020年，生态文明价值理念在全社会得到推行，全民生活方式绿色化的理念明显加强，生活方式绿色化的政策法规体系初步建立，公众践行绿色生活的内在动力不断增强，社会绿色产品服务快捷便利，公众绿色生活方式的习惯基本养成，最终全社会实现生活方式和消费模式向勤俭节约、绿色低碳、文明健康的方向转变，形成人人、事事、时时崇尚生态文明的社会新风尚。

参考文献

1.（德）马克思,（德）恩格斯.马克思恩格斯选集(第一卷)[M].北京:人民出版社,2012.

2.（德）马克思,（德）恩格斯.马克思恩格斯文集(第七卷)[M].北京:人民出版社,2009.

3. 郭永园.协同发展视域下的中国生态文明建设研究[M].北京:中国社会科学出版社,2016.

4. 中共中央文献研究室.习近平谈治国理政[M].北京:外文出版社,2014.

5. 中共中央文献研究室.习近平关于全面依法治国论述摘编[M].北京:中央文献出版社,2015.

6. 中共中央文献研究室.习近平关于协调推进"四个全面"战略布局论述摘编[M].北京:中央文献出版社,2015.

7. 恩格斯.自然辩证法[M].北京:人民出版社,1984:311.

8. 习近平.干在实处走在前列:推进浙江新发展的思考与实践[M].北京:中共中央党校出版社,2016:186.

9.（德）马克思,（德）恩格斯.马克思恩格斯文集(第9卷)[M].北京:人民出版社,2009.

10. 张云飞.辉煌40年:中国改革开放系列丛书·生态文明建设卷[M].合肥:安徽教育出版社,2018.

11. 中共中央文献研究室.习近平关于社会主义生态文明建设论述摘编

［M］.北京:中央文献出版社,2017.

12. 习近平.之江新语[M].杭州:浙江人民出版社,2007:186.

13. 中共中央文献研究室.习近平谈治国理政(第2卷)[M].北京:外文出版社,2017

14. 中共中央宣传部.习近平总书记系列重要讲话读本[M].北京:学习出版社、人民出版社,2016:240.

15. 中共中央文献研究室.习近平关于全面深化改革论述摘编[M].北京:中央文献出版社,2014

16. 胡德胜.环境资源法学[M].北京:北京大学出版社,2018:303-304.

17. 沈满洪,郅玉玲,彭煜,等.生态文明制度建设研究[M].北京:中国环境出版社,2017:371-372.

18. 郭永园.生态化:民族地区生态文明融入政治文明建设的实现路径[J].广西民族研究,2017(3):78-84.

19. 钭晓东,杜寅.中国特色生态法治体系建设论纲[J].法制与社会发展,2017,23(6):21-38.

20. 张文显.习近平法治思想研究(下):习近平全面依法治国的核心观点[J].法制与社会发展,2016,22(4):5-47.

21. 张云飞.在多元格局中平稳前行的国际生态主义[J].人民论坛,2019(1):38-41.

22. 张文显.习近平法治思想研究(中):习近平法治思想的一般理论[J].法制与社会发展,2016(3):5-37.

23. 张云飞.习近平生态文明思想话语体系初探[J].探索,2019(4):22-31.

24. 华启和.习近平新时代中国特色社会主义生态文明建设话语体系图景[J].湖南社会科学,2018(6):1-7.

25. 何修猛.习近平生态文明思想的话语框架[J].实事求是,2019(1):20-26.

26. 习近平 . 把建设美丽中国化为人民自觉行动[J]. 紫光阁,2015(5):7.

27. 李清源 .70 年,开创社会主义生态文明新时代[J]. 环境经济,2019(23):32-37.

28. 文正邦,曹明德 . 生态文明建设的法哲学思考:生态法治构建刍议[J]. 东方法学,2013(6):83-94.

29. 郭永园 . 软法治理:跨区域生态治理现代化的路径选择[J]. 广西社会科学,2017(6):105-109.

30. 蒋洪强,刘年磊,胡溪,等 . 我国生态环境空间管控制度研究与实践进展[J]. 环境保护,2019,(13):32-36.

31. 耿海清 . 对新时代我国战略环评工作的思考[J]. 环境保护,2019,47(2):35-38.

32. 梁忠 . 从问责政府到党政同责:中国环境问责的演变与反思[J]. 中国矿业大学学报(社会科学版),2018(1):42-50.

33. 郭永园 . 理论创新与制度践行:习近平生态法治观论纲[J]. 探索,2019(4):50-63.

34. 吴烨,董华文,汪光,卢文洲,陈中颖,李开明 . 环境保护领域地方市级首次立法进展研究[J]. 中国环境管理,2018,10(3):53-58.

35. 习近平 . 推动我国生态文明建设迈上新台阶[J]. 求是,2019(3):4-19.

36.《求是》编辑部 . 在习近平生态文明思想指引下迈入新时代生态文明建设新境界[J]. 求是,2019(3):20-29.

37. 习近平 . 决胜全面建成小康社会 夺取新时代中国特色社会主义伟大胜利[N]. 人民日报,2017-10-28(1).

38. 夏光 . 蹄疾步稳绘就生态文明蓝图:《生态文明体制改革总体方案》解读[N]. 中国环境报,2015-9-14(2).

39. 习近平 . 中共中央关于全面推进依法治国若干重大问题的决定[N]. 人民日报,2014-10-29(1).

40. 本报评论员.以法治守护公平正义的核心价值[N].人民日报,2014-10-29(4).

41. 习近平.坚持节约资源和保护环境基本国策 努力走向社会主义生态文明新时代[N].人民日报,2013-5-25(1).

42. 习近平.把抓落实作为推进改革工作的重点 真抓实干踏疾步稳务求实效[N].人民日报,2014-3-1(1).

43. 习近平.依法治国依法执政依法行政共同推进 法治国家法治政府法治社会一体建设[N].人民日报,2013-2-25(1).

44. 习近平.关于《中共中央关于全面推进依法治国若干重大问题的决定》的说明[N].人民日报,2014-10-29(2).

45. 中共中央国务院.生态文明体制改革总体方案[N].经济日报,2015-9-22(2).

46. 习近平.在首都各界纪念现行宪法公布施行30周年大会上的讲话[N].人民日报,2012-12-5(2).

47. 习近平.中共中央关于全面深化改革若干重大问题的决定[N].人民日报,2013-11-16(1).

48. 习近平.推动形成绿色发展方式和生活方式 为人民群众创造良好生产生活环境[N].人民日报,2017-5-28(1).

49. 潘家华.指导生态文明建设的思想武器和行动指南[N].中国环境报,2018-5-21(3).

50. 习近平.携手建设更加美好的世界[N].人民日报,2017-12-2(2).

51. 习近平.在纪念马克思诞辰200周年大会上的讲话[N].人民日报,2018-5-5(2).

52. 中共中央国务院.关于全面加强生态环境保护坚决打好污染防治攻坚战意见[N],人民日报,2018-6-25(1).

53. 习近平.不惜用真金白银来还环境欠债[N].人民日报,2005-4-15(1).

54. 习近平 . 习近平在参加十二届全国人大三次会议江西代表团审议时的讲话[N]. 人民日报,2015-3-7(1).

55. 欧阳辉 . 绿色发展彰显大国担当[N]. 人民日报,2015-12-22(1).

56. 王公龙 . 为人类作更大的贡献 彰显中国共产党的大党担当[N]. 光明日报,2018-2-13(1).

57. 常纪文 .《生态文明体制改革总体方案》解读[N]. 中国环境报,2015-9-15(2).

58. 中共中央国务院 . 生态文明体制改革总体方案[N]. 经济日报,2015-9-22(2).

59. 习近平 . 坚持严格执法公正司法深化改革 促进社会公平正义保障人民安居乐业[N]. 人民日报,2014-1-9(1).

60. 习近平 . 以提高司法公信力为根本尺度 坚定不移深化司法体制改革[N]. 人民日报,2015-3-26(1).

61. 习近平 . 在首都各界纪念现行宪法公布施行 30 周年大会上的讲话[N]. 人民日报,2012-12-5(2).

62. 习近平 . 推动形成绿色发展方式和生活方式 为人民群众创造良好生产生活环境[N]. 人民日报,2017-5-28(1).

63. 郭永园 . 协同发展视域下的中国生态文明建设研究[D]. 湖南大学,2015.

64. 左正强 . 我国环境资源产权制度构建研究[D]. 西南财经大学,2009:17.

致　谢

桃李春风一杯酒，江湖夜雨十年灯。

2011 年开始，我从法学专业转攻马克思主义理论博士学位，开启了生态文明的学术研究。四年之后，按部就班地实现了从学生到导师的角色转换，算是略有所得，但是对生态文明——这一当今全球学术研究的"新贵"的探索，总感觉自己研究根基尚浅、能力不足、视野局限，始终无法突破。2018 年，承蒙我国生态文明研究大家张云飞教授不弃，忝列先生门下，以求在博士后研究中窥其堂奥。

恩师系中国人民大学马克思主义哲学专业出身，且有异常深厚的中国传统文化家学滋养，在生物学、高等数学、物理学等自然科学领域均有涉猎。关于生态问题，恩师从多学科角度进行了深入的研究，建树颇丰。用"学富五车、才高八斗、学贯中西"来评价恩师也是很实事求是的评价。恩师于 2018 年获批国家社会科学基金重大项目专项课题"习近平社会主义生态文明观研究"（项目编号：18VSJ006），结合我的专业背景和兴趣爱好，我们商定以《习近平新时代生态法治观研究》作为博士后研究课题，并参与到重大课题的研究之中。本文的写作思路、研究框架都得到了恩师的悉心指导。玉壶存冰心，朱笔写师魂。

2019 年我以此为题申报中国博士后科学研究基金面上项目，并顺利立项，为我从事生态法治研究增加了新的动力。在研究过程中，以中国博士后基金为支撑，发表了 7 篇国内外学术论文，产生了一定的学术影响。在两年的研究过程中，数次参加国内外学术会议，并赴天津、深圳、上海、湖南、湖北、广西、青海等地，以及最高人民法院、生态环境部等部门调研考察，收益颇丰，在此致谢。

而立之年的学术探索注定是"带着镣铐跳舞"，一方面是深负为人父为人子为人夫的三重责任，另一方面是还需承担工作单位的教学科研任务。因此，这篇研究报告的完成离不开家庭和同事们的理解与支持。这篇研究报告不尽如人意的部分是本人能力所致，如果偶有闪光处，那必然是恩师亲友们的付出所得。

郭永园

2020 年 5 月于山西太原博学楼